明德·践行

中华传统文化
经典|选|读

主编 严肃

北京师范大学出版集团
BEIJING NORMAL UNIVERSITY PUBLISHING GROUP
安徽大学出版社

图书在版编目(CIP)数据

明德·践行:中华传统文化经典选读/严肃主编.—合肥:安徽大学出版社,2019.3

ISBN 978-7-5664-1781-7

Ⅰ.①明… Ⅱ.①严… Ⅲ.①中国文学－古典文学－作品综合集 Ⅳ.①I212.01

中国版本图书馆 CIP 数据核字(2019)第 039370 号

明 德·践 行
——中华传统文化经典选读

严 肃 主编

出版发行:	北京师范大学出版集团 安 徽 大 学 出 版 社 (安徽省合肥市肥西路3号 邮编230039) www.bnupg.com.cn www.ahupress.com.cn
印 刷:	安徽昶颉包装印务有限责任公司
经 销:	全国新华书店
开 本:	170mm×240mm
印 张:	13.75
字 数:	185千字
版 次:	2019年3月第1版
印 次:	2019年3月第1次印刷
定 价:	58.00元

ISBN 978-7-5664-1781-7

策划编辑:陈 来 杨 洁　　　　　　装帧设计:李 军
责任编辑:刘婷婷 邱 昱 唐洪全　　美术编辑:李 军
责任印制:陈 如 孟献辉

版权所有　侵权必究

反盗版、侵权举报电话:0551—65106311
外埠邮购电话:0551—65107716
本书如有印装质量问题,请与印制管理部联系调换。
印制管理部电话:0551—65106311

明德·践行

编委会

主　编　严　肃

副主编　夏宝芹　岳方遂

编　委　李立如　李晓琛　罗海琼

厚德载物，自强不息

丰富内涵，陶冶品格

白兆麟

除夕前几日，原在安徽大学的同事与好友岳方遂教授拨来电话，约我为合肥财经职业学院同仁编撰的一部书写篇序言。当时有些犹豫，因为未见书稿，不知就里，但鉴于他也参与其间，不便完全推托，便答曰见书再定。隔两日，方遂君带着书稿及相关材料来安大谋面。稍加翻阅，随即应允。

当日晚间，我通读了全部书稿及该校的几份相关材料，内心油然产生一种理性的感受：这部书稿的基本内涵与我退休后多年来所从事的"国学"研讨的基调是那么的合拍，因而序言的框架很快在脑际构成。在我看来，《明德践行——中华传统文化经典选读》是一本学术性和通俗性相融合的高品位的书，具有三个鲜明的特点：宏大的主旨，完整的布局，严正的内容。

首先来说宏大的主旨。

该校同仁之所以要编写这本书，正如其主编、该学院严肃董事长所说的，是为了"打造校园文化，提高文化品位"。具体说来，就是"一、聚精神——大气包容、求实创新、手脑并用，养成能工巧匠的素质"；

"二、立三风——校风：智圆行方，创新图强；教风：尚德笃行，敬业厚生；学风：勤学善思，知行合一"；"三、调模式—— 一种精神（锥子精神），两种专长（专长、特长），三种方法（做人、学习、创业），四种素养（思考、表达、行动、协调）"；"四、美校园——充实文化内涵，增加历史厚重，加强地域特色"。

一所普通的财经职业学院，其董事长及学院同仁有着如此高的立意，而且着力于提高其文化品位，这不能不深深地打动了我这个长期从事文教研究工作的学人。还有一点需要提及，该学院的校训是："励志明德，攻术践行。"而书名正体现了皖籍著名教育家陶行知先生所倡导的"知行合一"的教育理念。因此我坚信，这个与学院性质相一致的宏大宗旨，也必然会引起该书读者深深的共鸣。

其次说说完整的布局。

为了践行前面所述的宏大宗旨，该书在布局谋篇上也下了一番工夫：先设立一个精神支柱——《明德篇》和一个行动支柱——《践行篇》。再者，前一个支柱，以"贵和尚中""修己慎独""谦和好礼""仁爱孝悌""志存高远""见利思义""笃实宽厚""精忠爱国"等为基础；后一个支柱，以"知行合一""始于足下""锲而不舍""勇毅力行""登高远见""一览众山""求真务实"等为基地。然后，在每一个基础和基地周围，选择若干经典篇章作为铺垫。于是，一座"中华传统文化"之大厦便竖立在读者的面前。

当然，以上所述"基础"和"基地"之具体分类与命名，未必尽善尽妥，但毕竟融入了编撰者的深度思考。这是不能等闲视之的。

最后说到严正的内容。

在与岳方遂教授通话时，我怎么也不会想到，合肥财经职业学院参与编写这部书的同仁，会从《周易》《老子》《墨子》《庄子》这些经典中选择篇章编入其中。可是他们确实这样做了，这也是我被深深地打动的缘故。

由此我想起去年秋末，应邀赴清华大学人文学院作学术报告之事，报告专题是"国学的内涵与源头"。在论及以"国学"为核心的中华传统文化的源头时，我用了三句话大致地概括之："一部经典，两位巨匠，三家鼎立。"因为与该书内容相对应，有必要就此加以重点论述。

所谓"一部经典"，指的是《易经》。

国学的物质形态，自然是那些影响巨大而又深远的经典，而作为我国文化学术源头之一的经典当首推《周易》。西汉伟大史家司马迁于《史记》中即把它列为"群经之首"，其后班固在《汉书·艺文志》里更是奠定了它的历史地位。

《周易》这部最古老的典籍由两部分构成：其一是《易经》，即华夏文明始祖伏羲所画八卦、周文王所推演六十四卦及所作卦爻辞；其二是《易传》，即战国中晚期孔门后学对《易经》的解说。

《易经》本名《易》，是变易的意思。《周易·系辞下》云："易，穷则变，变则通。"整部《易经》就是论说变化与组合的道理，如所谓"循环往复、与时偕行、张弛交错、防微杜渐、否极泰来、盈损谦益"等，其内部所蕴藏的变动思想早已渗透到中国历代社会生活的各个方面，可以说是无与伦比的。《易》曾历经三个阶段：其一是《易》的自然形态，当为原始初民观察自然的集体智慧的结晶；其二是《易》的哲学形态，当为由孔子整理，并吸收老子学说而形成的哲学理念；其三是阴阳形态，即经过阴阳家改造，掺进了原始迷信的消极观念。如今，要科学地解读和研究《易经》，首先要明了它有一个从自然到哲理的过渡，即包括上述《易经》和《易传》两个部分。至于第三阶段，那是在东汉王朝前后，阴阳家利用原始巫术将"自然易"曲解为"卜筮易"，即纯粹用来占卜吉凶的所谓"易"。我们应当剥离其中非科学的成分，突出其合理的内核，使这部经典得以发扬光大。

须知，《易》之"八卦"源于初民对天地万物的观察，体悟到天地万物变化的根本法则和初始规律。所谓"八卦"，实际上是代表八种自然

物质的符号,即"天地、风雷、山泽、水火"。这八种两两相对的自然物质,都是与原始初民的生活与生存息息相关的,是由对自然万物的观察与抽象而产生的,其卦爻辞是对"卦象"意义的解说。占卜并非"易"之源头,而是"易"的运用。《易经》的根本精神在于"道法自然",就是说,其基本原则是效法自然。众所周知,上古时期人类的生活与生产在极大程度上依赖于自然界,其"吉凶祸福"与自然界的变化相互关联,人与自然更容易相感相通。在那种"天、地、人"未曾完全分割的境域中,初民的联想难免具有某种神秘的色彩,因而《易经》与占筮活动相通自有其合理性和有效性。

所谓"两位巨匠",指的是老子和孔子。

老子所著《道德经》五千言向后世展示了巨大的智慧。其中突出的,概括起来大致有以下三个方面:

一是"无为而治",即顺其自然的唯物法则。《三十八章》云:"上德无为而无以为。"老子主张"无为",尤其以"无以为"之"无为"作为道家最高境界的"上德"。这是指在自然规律面前定要顺势而为。

二是"有无相生",即事物相对的辩证法则。《二章》云:"有无相生,难易相成,长短相形,高下相倾。"这里所说的"相生""相形"等都是相互依存的意思。因此,人们的言行不可绝对化,否则就会导致形而上学的错误。

三是"自知者明",即自我反省的人生法则。《三十三章》云:"知人者智,自知者明。"我们不仅要了解别人,还要经常剖析自己,做一个明智的人。如此,方能永葆理性,泰然处世。

总而言之,这位昂首天外的哲学巨人,特别注重人的自然性,主张无为,提倡阴柔,强调返璞归真。他所倡导的显然是一种顺应自然的哲学。

孔子的言行被其弟子记录于《论语》一书,其核心思想主要体现在以下三个方面:

其一是"仁者爱人"的博大情怀。其《阳货篇》云:"能行五者于天下为仁——恭、宽、信、敏、惠。"夫子提倡和推行这五种品德,以此作为在普天下实行"仁爱"的崇高目标,他坚信只要人人都有"仁爱"之心,就会远离一切"恶行"。又《里仁篇》云:"夫子之道,忠恕而已矣。"所谓"恕",夫子自己的确切解释是"己所不欲,勿施于人"。这应当是确立人与人之正常关系、确保社会和谐发展的不可或缺的润滑剂。至于"有教无类"的观念,也正是夫子的博爱情怀在教育方面的具体体现。

其二是"过犹不及"的中庸精神。其《雍也篇》云:"中庸之为德也,其至矣乎!"他特别赞美"至德"之"中庸"的处世哲学,即以"中正"和"平常"为最高的道德行为标准。从积极方面来说,这种理念有助于防止片面与偏激的思想情绪的产生,有益于完善人格和健全人生。

其三是"学思兼顾"的学习方法。孔子谆谆教导说:"学而不思则罔,思而不学则殆。"学习与思考兼顾,既是做学问的有效方法,也是规范社会行为的最佳途径。如此,方能始终保持理性。夫子本人就是"敏而好学,不耻下问"的,因而成为博学多闻的思想家。

显而易见,这位平视人间的思想家十分注重人的社会性,他为人类所设想的"大同世界"之理想社会,在全世界影响深远。

所谓"三家鼎立",指的是"儒、道、释"鼎足三立。

以孔子为代表的儒家和由老子创始的道家,是中华本土所产生的学术。而释迦牟尼所宣扬的佛家,则是于东汉时期由印度传入的、经由中国历代高僧加以改造而早已中国化了的"出世"学说。由于跟本书内容关系不大,就无须赘述了。

综上所述:丰富文化内涵,陶冶工匠品格;既是居高临下,必定出校不凡。是为序,且赋《重阳感怀·七律》一首作为结语:

老聃善下王百谷,屈原哀叹民多艰。
陶潜归隐事农桑,李白怀情祗寻仙。

亭林山人倡古朴，东原大师求谨严。
古圣攀谈怀敬仰，时贤切磋亦乐天。

[附注]

1. 老子《道德经》："水善下而为百谷王。"
2. 屈原《离骚》："长太息以流涕兮，哀民生之多艰。"
3. 陶渊明《怀古田舍》："秉耒欢时务，解颜劝农人。"
4. 李白《庐山谣》："五岳寻仙不辞远，一生好入名山游。"
5. 顾炎武自称亭林山人，倡导古学，开启一代风气。
6. 戴震：字东原，乾嘉时期皖籍著名学者，集清代朴学之大成。

——2018年除夕于困庐

目录

明德篇

崇和尚中 / 2
- 周易·彖辞（节选） / 3
- 老子·四十二章 / 5
- 论语·雍也（二十九章） / 6
- 礼记·中庸（节选） / 7
- 黄帝内经·灵枢·本藏（节选） / 8

修己慎独 / 11
- 论语·宪问（四十二章） / 12
- 礼记·礼器（节选） / 13
- 礼记·中庸（节选） / 14
- 礼记·大学（第七章） / 16
- 后汉书·杨震传（节选） / 17

谦和好礼 / 19
- 周易·谦卦（节选） / 20
- 论语·学而（十二章） / 21
- 论语·八佾（节选） / 22
- 史记·廉颇蔺相如列传（节选） / 25
- 旧闻随笔·六尺巷 / 27

仁爱孝悌 / 29
- 诗经·蓼莪 / 30
- 论语·学而（二章） / 33
- 墨子·兼爱（节选） / 34
- 仁说（节选） / 36
- 致诸弟·劝述孝悌之道（节选） / 37

明德·践行

志存高远 / 39
- 礼记·大学（一章） / 40
- 孟子·尽心下（三十四） / 42
- 诫外甥书 / 43
- 龟虽寿 / 45
- 南陵别儿童入京 / 47

见利思义 / 50
- 论语·里仁（节选） / 51
- 孟子·鱼我所欲也 / 52
- 荀子·荣辱（节选） / 55
- 战国策·冯谖客孟尝君 / 57
- 史记·赵世家（节选） / 63
- 汉书·云敞传 / 69

笃实宽厚 / 73
- 老子·道德经（第八十一章） / 74
- 论语·卫灵公（节选） / 76
- 抱朴子外篇·交际（节选） / 78
- 史记·管晏列传（节选） / 80
- 后汉书·刘宽传 / 83

精忠爱国 / 87
- 忠经·天地神明 / 88
- 九歌·国殇 / 90
- 日知录·正始（节选） / 93
- 满江红 / 95
- 剑南诗稿·病起书怀 / 97

践行篇

知行合一 / 100
    礼记·中庸·博学之 / 102
    史记·孔子世家（节选） / 104
    答曹元可 / 109
    续诗品·尚识 / 112
    送天台陈庭学序 / 113

始于足下 / 117
    冬夜读书示子聿 / 118
    从军行 / 119
    石钟山记 / 121
    南村辍耕录·序（节选） / 125

锲不而舍 / 128
    荀子·劝学（节选） / 129
    庄子·人间世（节选） / 131
    战国策·秦策五（节选） / 132
    赠元发弟放言 / 135
    观书有感 / 137
    曾国藩家书·致诸弟（节选） / 138

结草衔环 / 140
    诗经·木瓜 / 141
    左传·宣公十五年（节选） / 142
    续齐谐记·黄雀衔环拜杨宝 / 143
    史记·刺客列传·豫让传 / 145
    新唐书·魏徵传（节选） / 149
    出师表（节选） / 154

勇毅力行 / 157
    报任安书（节选） / 158
    永遇乐·京口北固亭怀古 / 162
    后汉书·张衡传（节选） / 164

登高远观 / 167
    秋登宣城谢朓北楼 / 168
    卖花声·题岳阳楼 / 169
    聪训斋语·看山 / 171
    周髀算经·盖天天地模型 / 173
    齐民要术·序（节选） / 176

一览众山 / 181
    梦溪笔谈·活板印刷 / 183
    梦溪笔谈·指南针 / 185
    后汉书·蔡伦传（节选） / 187
    天工开物·佳兵·火药料 / 189

求真务实 / 192
    汉书·河间献王刘德传 / 193
    辍耕录·黄道婆 / 195
    明史·李时珍传（节选） / 196
    九章算术·方田 / 198

后记 / 202

明德篇

崇和尚中

崇和尚中，是中华民族道德文化的基本精神，是中华民族的优良传统，直接影响着中国人的思维方式与处世观念。

尚中贵和，由"中"与"和"二字组成。"中"主要包含三方面的内容：中道（不偏不倚）、适中（无过无不及）、时中（合乎时宜）；"和"主要体现为自然的和谐、人与自然的和谐、人与人的和谐、身体的和谐等。

崇和尚中是儒家的一贯思想，孔子主张执两用中、过犹不及、哀乐有节、和而不同、以和为贵，都体现出崇和尚中的文化精神。

今天，我们正在进行构建和谐社会的伟大事业。和谐社会既包括社会关系的和谐，也包括人与自然关系的和谐，体现了民主与法治的统一、公平与效率的统一、活力与秩序的统一、科学与人文的统一、人与自然的统一。和谐社会的思想与尚中贵和的思想一脉相承，并把它提到了辩证唯物主义的高度。尚中贵和在当代社会生活中依然充满着活力。

周易·彖辞①（节选）

大哉乾元②，万物资③始，乃统天。云行雨施④，品物流形⑤。大明终始⑥，六位时成⑦，时乘六龙以御天⑧。乾道⑨变化，各正性命⑩，保合大和⑪，乃"利贞"⑫。首出⑬庶物，万国咸宁。

【导读】

本篇论述了世界是多样性的统一。万物生生不息，自有其特性和生长发育规律。物体的运动、变化，形成了事物之间的差别，形成了世界的多样性。尽管如此，世界却又是一个有秩序的、和谐的统一体。

多样性使世界五彩斑斓，统一性使世界秩序井然。两千多年前，古人就有了这样的辩证思维，它启迪我们走出僵化封闭的思维，创造充满生机的社会。

---

① 《周易·彖（tuàn）辞》：《周易》是传统经典之一，相传系周文王姬昌所作。内容包括《经》和《传》两个部分。《经》主要是六十四卦和三百八十四爻，卦和爻各有说明（卦辞、爻辞）。《彖》为《易》中的一部分，是解释六十四卦卦辞的。彖有判断、概括之意。
② 乾元：原指卦名"乾"和卦辞中的"元"字，这里连用构成一个概念，表示天道或自然的本源、本体。
③ 资：赖以。
④ 施：降落。
⑤ 品：类。品物：万物。流形：运动、变化。
⑥ 大明：太阳。终：日落。始：日出。
⑦ 六位：东、西、南、北、上、下六个方位。时：于是。
⑧ 时：按时。御：行，运行。乘六龙以御天：古代神话说日神每天早晨乘坐六龙拉的车子从东方升空，傍晚从西方降落。
⑨ 乾道：即天道，指宇宙的普遍法则、自然规律。
⑩ 性：本性，品性，属性，特性。命：生长的周期，生命的长短。各正性命：指万物在天道的支配下，各得其自身之性，各有其生长发育的规律。
⑪ 保：保持。合：合成。大（tài）：同"太"。大和：最高的和谐。
⑫ 贞：《彖辞》通常把这个字解释为"正"。利贞：有利于万物才是正道。
⑬ 首出：始生。庶物：万物。

▲合肥财经职业学院财经文化广场

译 文

伟大的上天,万物就是因为有了它才开始。云气流行,雨水布施,万物运动变化而各自成形,太阳落了又升起,(乾卦)六爻得时而形成,其变化发展反映了自然的变化发展。万物各得其自身之性,各有其生长发育的规律,(万物)各自正定其本性与命理,保全住太和之气,才能"利贞"。天的非凡之处在于能凌驾于万物之上,使天下安宁。

老子·四十二章

道生一①，一生二②，二生三③，三生万物。万物负④阴而抱⑤阳，冲气⑥以为和⑦。

【导读】

在老子的思想中，"和"之于道为贵："阴""阳"相和生天地万物；"有""无"相和起万物之用；清明太和为治国之本；心平气和为立身之术。

老子还认为，阴与阳是相互矛盾的对立面，正是阴阳的矛盾运动形成天地万物和人类。因此，阴阳充塞于天地之间，深藏于人体之内，阴阳相互作用使事物达到和谐统一，即达到"冲气以为和"的状态。阴阳是两端，"冲气以为和"是用其"中"。唯有执中之道才是和谐的正道，执中才能在阴阳两端的相互激荡中得到整体的和谐。

译 文

自然的规律创造了混沌的宇宙，宇宙本体分为对立的阴阳二气，阴阳二气相交而成为一种调和的状态，这种状态便产生万物。万事万物皆背阴而向阳，并在阴阳二气的互相激荡中和谐统一。

---

① 一：天地未分时的混沌状态。
② 二：指天地，一说为阴阳两气。
③ 三：阴阳两气交感而产生之状态，称之为"和"。此"和"含阴阳而不可分，可形成万物。
④ 负：背负。
⑤ 抱：怀抱。
⑥ 冲气：阴阳两气相激荡（即交感）。
⑦ 和：阴阳两气相激荡而产生的一种和合状态。

▲老子故里——安徽涡阳老子像

论语·雍也（二十九章）

子曰："中庸①之为德也，其至矣乎②！民鲜久矣。"

【导读】

"中庸"是孔子思想中的重要内容，尤其作为一种道德观念，是至高无上的。宋儒说，不偏不倚谓之中，平常谓庸。中庸就是不偏不倚的平常的道理。中庸又被理解为中道，就是不偏于对立双方中的任何一方，使双方保持均衡状态。中庸又谓"中行"，即人的气质、作风、德行都不偏于一方，对立双方互相牵制、互相补充。在孔子看来，中庸难求，求中庸不仅需要公心，更需要经验和智慧。

---

① 中庸：中，折中，调和，无过无不及。庸：平常，普通。中庸：孔子学说的最高道德标准，主张一切言行要不偏不倚，守常不变。
② 至：极点。

译 文

孔子说:"中庸作为一种道德,该是最高的了吧!人们缺少这种道德已经为时很久了。"

礼记·中庸(节选)

喜怒哀乐之未发①,谓之中②;发而皆中节③,谓之和④。中也者,天下之大本也;和也者,天下之达道⑤也。致⑥中和,天地位⑦焉,万物育⑧焉。

【导读】

本文指出"中庸"即"中和",表示适度、恰当。"喜怒哀乐之未发"指情感、意念没表达时,无所偏倚,合于理,不荒谬;"发而皆中节"指情感、意念表达时,有分寸,合于度,不乖戾。"中庸"还有"时中"之意,即人们的举止、行为要合乎时宜,因时而变,随时处中。

隐恶扬善,执两用中,既是不偏不倚、无过无不及的中庸之道,又是人生的大智慧。要真正做到执两用中,非得有博大的胸襟和宽容气度不可。

译 文

喜怒哀乐没有表现出来的时候,叫作"中";表现出来以后符合节度,

---

① 发:表露,显露。
② 中:恰当。
③ 中节:合于自然的道理。中:符合。节:法度,常理。
④ 和:和谐。
⑤ 达道:通达的道路,或说是天下民众共由之路,引申为天下共同遵循的普遍规律。
⑥ 致:到达。
⑦ 位:安于其所,各得其所。
⑧ 育:养育,生长。

叫作"和"。"中",是人人都有的本性;"和",是大家遵循的原则。达到"中和"的境界,天地便各在其位,万物便生长繁育。

黄帝内经·灵枢·本藏(节选)

黄帝问于歧伯曰:人之血气精神者,所以奉生①而周②于性命者也。经脉者,所以行血气而营③阴阳④,濡筋骨,利关节者也。卫气者,所以温⑤分肉⑥,充皮肤,肥⑦腠理⑧,司⑨开合⑩者也。志意⑪者,所以御⑫精神,收魂魄⑬,适寒温,和喜怒者也。是故血和则经脉流行,营复⑭阴阳⑮,筋骨劲强,关节清利矣;卫气和则分肉解利⑯,皮肤调柔,腠理致密矣。志意和则精神专直⑰,魂魄不散,悔怒不起,五脏不受邪矣。寒温和则六腑化谷⑱,风痹不作,经脉通利,肢节得安矣。此人之常平⑲也。五脏者,所以藏精神血气魂魄者也。六腑者,所以化水谷而行津液者也。

---

① 奉:养。
② 周:周全,维护。
③ 营:营运。
④ 阴阳:指三阴三阳经脉。
⑤ 温:温养。
⑥ 分肉:肌肉有分理,故又称"分肉"。
⑦ 肥:肥沃,引申为滋润。
⑧ 腠理:泛指皮肤、肌肉、脏腑的纹理。
⑨ 司:掌管。
⑩ 开合:指腠理汗孔的开放与闭合。
⑪ 志意:指人体的自控调节功能,属于神气。
⑫ 御:统管,驾驭。
⑬ 魂魄:精神意识的一部分,中医认为"肝藏魂","肺藏魄"。
⑭ 复:往复。
⑮ 阴阳:指内外。
⑯ 解利:通利。
⑰ 专直:专心致志。
⑱ 化谷:消化水谷。
⑲ 常平:正常生理状态。

▲《黄帝内经》书影

【导读】

本篇强调了"和"在健康层面的重要性。健康的标准是什么呢?即"血和""卫气和""志意和""寒温和",其中"血和""卫气和"指血气运行和畅;"志意和"为精神活动正常;"寒温和"指能适应外界寒温环境。

《黄帝内经·灵枢》是讨论针灸的,认为健康的本质就是和谐,即人与自然的和谐、心与身的和谐、气与血的和谐。和则体健,不和则病生。这既是中医诊治之"圭臬",也人生修炼之"准绳"。

译 文

黄帝问岐伯道:人的血气精神,供养着生命而遍及生命的方方面面。人的经脉,是供气血通行和阴阳运行、滋润筋骨、滑利关节的。人的卫气,是温养肌肉,充养皮肤,滋养腠理,掌管皮肤汗孔和腠理开合的。人的志意,是统领精神活动,控制魂魄,调节人体机能以适应寒暑变化,调和喜怒情绪的。因此,血气和调就会使经脉通畅,从而使全身内外阴阳调和,筋骨强劲,关节润

滑灵利；卫气和调就会使肌肉舒展滑利，皮肤柔软且色泽协调，腠理细密。志意和顺就会使精神集中，思维正常，魂魄守身而不散，怨恨愤怒不致发作，如此则五脏不受外邪侵扰。如果能适应寒暑气候变化，就会使六腑正常消化食物，使得风痹不会产生，经脉通畅，四肢关节的活动平顺正常。以上这些就是人体正常的生理状态。五脏，是孕藏精神血气魂魄的；六腑，是消化水谷而输送由此所得的津液到全身去的。

修己慎独

"修己慎独"是中华传统文化道德中的精髓,是儒家的一种自我修身养性之法,也是君子达人所倡导的一种自我约束机制。修己,即修养自身,保持严肃恭敬的态度;慎独,则是独处时,也要谨言慎行,一丝不苟。修己慎独要求人无论大事小事、人前人后都应时时反省、处处自律,表里如一,把个人的品德修养与利天下的社会实践活动相结合,让人性得到全面健康发展。

修己慎独是一种人生的境界,一种情操,一种自律精神,一种表里如一的坦荡。历史上,许多志士仁人依此自律,实现了道德的升华,留下了不朽的佳话。今天,年轻人也应该以此自励,传承美德,提升精神境界,续写新的修养身心之篇章。

论语·宪问（四十二章）

子路问君子。子曰:"修己以敬。"曰:"如斯而已乎?"曰:"修己以安人。"曰:"如斯而已乎?"曰:"修己以安百姓。修己以安百姓，尧、舜其犹病诸①!"

【导读】

"修己"是孔子学说的核心。本篇提出了修己的三个层次：恭敬、安人、安百姓。君子能以特别严肃恭敬的态度修正自己的思想和行为，然后把修养在行为上表现出来，可以利社会、利国家、利天下，安百姓。

孔子特别重视"修己以安百姓"，甚至认为连尧舜这样的圣人都做不到。这里孔子所提倡的修身，不再只是单纯的个人行为，不再只是一项内省活动，而是同齐家、治国、平天下联系在了一起。只有"四美"（修齐治平）俱，方能德才备；只有德才备，才能安百姓、利天下。

译　文

子路问怎样做一个君子。孔子说:"使自己修身养性，恭敬谦逊。"子路说:"这样就够了吗?"孔子说:"让自己修身养性，使亲朋好友安乐。"子路说:"这样就够了吗?"孔子说:"修身养性，使所有的百姓安乐。修身养性使所有的百姓安乐，尧、舜恐怕也难做到呢!"

---

① 诸:"之乎"的合音。

礼记·礼器（节选）

礼之以多为贵者，以其外心者也。德发扬，诩万物①。大理物博，如此，则得不以多为贵乎？故君子乐其发也。礼之以少为贵者，以其内心者也。德产之致也精微，观天下之物，无可以称其德者，如此则得不以少为贵乎？是故君子慎其独也②。

【导读】

礼器是古代君主举行祭祀、宴享等礼仪活动时使用的器物，用来表明使用者的身份、等级与权力。商周以后，礼器成为"礼治"的象征。

本篇"慎独"即"慎其少"，以少为贵。"慎独"一词，是伴随着"礼之行"（礼德或礼仪）的出现而出现的。行是礼的外在表现，礼是行的内在动机，礼与行应和谐统一。礼的外在表现为"行"，内在体现为"德"，"德"是"行"的根本。所以，君子格外注重内心修养。智者慎微，真正有德之人，是注重细节的人。

"细微之处见精神""无人知时更自觉"。追溯今天的这些说法，其源盖出于"慎独"一词，即慎其少也。

译　文

礼以多为贵的原因，大概缘于那些心外之物。一个人的德行广泛地发扬于外，普及万物，从而使万物丰盛。这样，难道还不能以多为贵吗？所以君子都乐于把自己的德行发扬于外。礼以少为贵的原因，大概缘于其内心所体

---

① 诩：普遍。
② 独：少。

现的品德。德产生得极为细密精致,以至于纵观天下万物也很难找到与之相匹配的。这样的礼能不以少为贵吗?因此君子要时常对自己的内心进行谨慎地审查。

礼记·中庸(节选)

天命①之谓性②,率③性之谓道④,修⑤道之谓教⑥。道也者,不可须臾⑦离也,可离非道也。是故君子⑧戒慎⑨乎其所不睹⑩,恐惧乎其所不闻。莫⑪见⑫乎隐⑬,莫显乎微⑭,故君子慎其独也。

【导读】

《中庸》是一篇论述儒家人性修养的散文,提出"慎独自修""至诚尽性"等内容,对为人处世、人性修养有重要影响。

本篇"慎独"紧扣"道"而言。"独"是"道",具有"道"的特征,见于"隐""微"处,体现了"慎独"时的精神状态与细微之处的自我

---

① 天命:天赋,与生俱来的禀赋。
② 性:天赋予人的本性。
③ 率:遵循。
④ 道:规范,人道,事物运行变化所应遵循的普遍规律。
⑤ 修:修明,实行。
⑥ 教:教化。
⑦ 须臾:片刻,一会儿。
⑧ 君子:有德行的人。
⑨ 戒慎:警戒,谨慎。
⑩ 睹:见,察看。
⑪ 莫:无,没有。
⑫ 见:同"现",表现。
⑬ 隐:隐蔽。
⑭ 微:细微小事。

约束。君子应有"戒惧"功夫,尤其在私底下、无人时、细微处,要有警戒谨慎的心态,始终不放纵、不越轨、不逾矩。

文中强调了"慎其独"的问题,要求人们加强内心修炼,顺应天赋本性,"戒慎乎其所不睹,恐惧乎其所不闻",做一个真正具有君子之德的人。

译　文

天所赋予人的东西就是本性,遵循天性就是道,遵循道来修养自身就是教。道是不可以离开片刻的,可离开的就不是道。因此,君子在无人看见的地方也要小心谨慎,在无人听得到的地方也要恐惧敬畏。隐蔽时也会被人发现,细微处也会显露,因此君子在独处时要谨慎。

▲东林书院依庸堂

礼记·大学（第七章）

所谓诚其意①者，毋自欺也。如恶恶臭②，如好好色③，此之谓自谦④。故君子必慎其独⑤也。

小人闲居⑥为不善，无所不至，见君子而后厌然⑦，掩其不善而著其善。人之视己，如见其肺肝然，则何益矣。此谓诚于中，形于外，故君子必慎其独也。

曾子曰："十目所视，十手所指，其严乎！"富润屋，德润身，心广体胖，故君子必诚其意。

【导读】

"大学"即指儒家修己教人、治国平天下之学。本篇"慎独"紧扣"诚"而言。"诚"有真实、由衷之意，人应由衷地守护自己心中的道德意念，在"人所不知而己所独知"之时，保持和忠实于内心的良知。

"君子必慎其独也"。"慎"除谨慎、慎重之外，还含有认真的意思。"独"是指一个完全独立的精神世界，别人无法触及和窥探。"慎独"，即指在无人处，也要保持严格的自律和自省。

慎独并非追求空间上的独居、独处，而是追求心灵上的真诚和人格上的独立。而要达到"慎独"的境界，就要言行如一，心口如一，始终如一。

---

① 诚其意：使意念真诚。
② 恶（wù）恶（è）臭（xiù）：厌恶腐臭的气味。臭，气味，较现代单指臭（chòu）味，含义更宽泛。
③ 好（hào）好（hǎo）色：喜爱美丽的女子。好（hǎo）色：美女，美色。
④ 谦：同"慊"，满意、满足。
⑤ 独：人所不知而己所独知之处。
⑥ 闲居：独居。
⑦ 厌然：遮遮掩掩的样子。

译　文

所谓意念真诚无妄，是指不要自己欺骗自己。要像厌恶腐臭的气味一样，要像喜爱美丽的女人一样，一切都发自内心。所以，品德高尚的人哪怕是在一个人独处的时候，也一定要谨慎。

品德低下的人在私下里无恶不作，一见到品德高尚的人便躲躲闪闪，掩盖自己所做的坏事而吹嘘所做的好事。

殊不知，别人看你，就像能看见你的心肺肝脏一样清楚，掩盖有什么用呢？这就叫作内心的真实一定会表现到外表上来。所以，品德高尚的人哪怕是在一个人独处的时候，也一定要谨慎。

曾子说："许多双眼睛看着，许多手指着，这难道不令人畏惧吗？！"财富可以装饰房屋，品德却可以修养身心，使心胸宽广而身体舒泰安康。所以，品德高尚的人一定要使自己的意念真诚。

后汉书·杨震传（节选）

当之郡①，道经昌邑，故所举荆州茂才王密为昌邑令，谒见②，至夜怀金十斤以遗震③。震曰："故人知君，君不知故人，何也？"密曰："暮夜无知者④。"震曰："天知，神知，我知，子知。何谓无知！"密愧而出。后转涿郡太守。性公廉，不受私谒。子孙常蔬食步行，故旧长者或欲令为开产业，震不肯，曰："使后世称为清白吏子孙，以此遗之，不亦厚乎！"

---

① 之：到……去。
② 谒（yè）见：拜见。
③ 遗（wèi）：赠送。
④ 暮夜：傍晚。

【导读】

杨震是东汉名士,人称"关西孔子",十分清廉,从不接受贿赂。本篇所述"夜惕四知"的故事是一则典型的拒贿案例,反映君子"戒慎乎其所不睹,恐惧乎其所不闻",防微杜渐、自重自爱的高尚品格。此后,"夜惕四知"成为典故,流传千古。

遗憾的是,历代贪官都反其道而行之,他们在贪污受贿之时普遍存在着侥幸心理,自认为做得天衣无缝,人鬼不知,结果恶行败露,前程尽毁。有道是"法网恢恢,疏而不漏",真是"手莫伸,伸手必被捉"。警惕啊,人们!

译 文

当他(杨震)赶往郡上任职经过昌邑时,从前他推举的荆州茂才王密正做昌邑县令。王密去看杨震,晚上送金十斤给他。杨震说:"老朋友了解你的为人,你为什么不了解老朋友呢?这又何必呢"王密说:"晚上没有人知道。"杨震说:"天知,神知,我知,你知,怎么能说没有人知道呢。"王密惭愧地走了。杨震后转涿郡太守,公正廉明,不接受私人拜见。他的子孙后代常常吃素食蔬菜,徒步出行,生活俭朴,他的一些老朋友和长辈,想要他为子孙置产业,他不答应,说:"让子孙后代获得廉洁清官的子孙这样的美誉,不也很宝贵吗?"

谦和好礼

中国素有"礼仪之邦"的美称,"礼"是中国文化的重要内容。中国文化认为,礼是人与动物相区别的标志之一,是治国安邦之基本,是立身处世之根本,是区分人格高低之标准。

"礼"根源于人的恭敬之心、辞让之心、良善之心。礼之应用,包含有"谦和""恭敬"之德。中国人自古以来就懂得"满招损,谦受益"的道理,提倡"谨言慎行""虚怀若谷"。

"和",作为一种价值取向,有天人关系中的"和谐""和顺",有待人接物中的"和气""和善",有作为道德品性的"中和""平和",还有处理国与国关系的"和平""和睦"。

"礼""恭""谦""和"不仅是中华民族的传统美德,也是今天人们生活中的价值取向。它规范着人们的思想行为和社会的道德风尚,在精神文明建设中,依然发挥着重要作用。

周易·谦卦（节选）

《谦》①：亨。君子有终②。

谦谦君子，用涉大川，吉。

鸣谦③，贞吉。

劳谦君子④，有终，吉。

鸣谦，利用行师征邑国。

【导读】

谦卦的卦象表示高大者自居下位，甘于下风，是谦虚的表现。该卦的卦辞和六爻爻辞都言吉利，其中有一个"亨"，三个"吉"，三个"利"，在六十四卦中最为吉利。

在《周易》中，"谦"不是故作姿态，也不只是礼貌而已。"谦"蕴含着丰富的内容。态度温和、恭敬、不粗暴是谦；辞让、不露锋芒、不急于表现自己是谦；不自矜、不自吹，始终保持低调是谦；不自满、不自是、能够意识到成绩是众人之功也是谦。老子说："不自见，故明；不自是，故彰；不自伐，故有功；不自矜，故长。""夫唯不争，故天下莫能与之争。"

《周易》还从哲学范畴解释"谦"的作用，认为天道总是不利于"盈"，即"满"的方面，而有利于"谦"，即"不满"的方面。认为天地之道以"下"为根本，特别重视新生事物、关注尚未完满的方面。这就是上天眷顾"谦"的原因。

---

① 谦：卦名，象征谦虚、谦卑。
② 有终：有善终，有美好的结果。
③ 鸣：名声在外，有声望。鸣谦：即名谦，有名而谦，意为有美誉名声而不傲。
④ 劳：（有）功劳。劳谦：意为居功不傲而谦虚有余。

"满招损,谦受益"。谦卦永远是吉祥之卦,吉利之卦,吉人之卦——也是当代青年之卦!

译 文

《谦》卦:亨通。君子谦让必有好结果。

谦虚再谦虚的君子,君子的这种态度有利于渡过大江大河,吉利。

有声望而谦虚,吉祥的占卜。

勤劳而谦让的君子,会善始善终,吉利。

有声望而谦让,有利于出兵征伐邦国。

论语·学而(十二章)

有子曰:"礼之用,和为贵①。先王之道,斯为美②。小大由之③,有所不行。知和而和,不以礼节之④,亦不可行也。"

【导读】

《学而》是《论语》的第一篇,共包括16章,涵盖诸多方面,从学习到道德修养,从孝悌到忠信,从君子到君主,讲的全部是做人的道理。虽为"学而",但并不仅仅局限于学习知识,强调更多的是个人品德的修养。在孔子看来,知识在其次,更更重要的在于做人,在于协和八方。

本篇阐述"礼"与"和"的关系。认为"礼"的制度的执行,要达到思想情感上和谐、行动上恰到好处为最佳,不能"过"或"不及";"和"的主张

---

① 和:和谐,和睦。
② 斯:这个指"礼""和"。
③ 小大:小事大事。由:遵循。
④ 节:限制、节制。

明德·践行

必须"以礼节之",而不是无原则地"知和而和"。孔子认为"和"是按一定秩序使矛盾双方互相协调,是对立的结合,反对八面玲珑、似是而非的调和主义。这和我们今天提倡的在坚持原则的基础上求团结是一致的。

译 文

有子说:"礼的应用,以和谐为贵。古代君主的治国方法,宝贵的地方就在于此。但不论大事小事只顾按和谐的办法去做,有的时候行不通。(这是因为)为和谐而和谐,不以礼来规范和约束,也是不可行的。"

论语·八佾(节选)

子曰:"人而不仁,如礼何?人而不仁,如乐何?"

林放①问礼之本,子曰:"大哉问!礼,与其奢也,宁俭;丧,与其易②也,宁戚③。"

子曰:"夷狄④之有君,不如诸夏⑤之亡⑥也。"

季氏旅⑦于泰山。子谓冉有曰:"女弗能救与⑧?"对曰:"不能。"子曰:"呜呼!曾⑨谓泰山不如林放乎?"

---

① 林放:鲁国人。
② 易:治理,制办。
③ 戚:悲伤。
④ 夷狄:古代中原地区对周边地区的人的贬称,谓之不开化,缺乏教养,不知书达礼。
⑤ 诸夏:古代中原地区华夏族的自称。
⑥ 亡:通"无"。
⑦ 旅:祭祀山川称"旅"。当时按规定只有天子和诸侯才有资格祭祀泰山,而季氏是大夫,去祭泰山,孔子认为这一行为越礼。
⑧ 冉有:姓冉,名求,字子有,孔子的学生,季氏的家臣。
⑨ 曾(zēng):乃,竟。

子曰:"君子无所争,必也射乎^①!揖让而升^②,下而饮^③。其争也君子。"

子夏问曰:"'巧笑倩兮,美目盼兮,素以为绚兮'^④何谓也?"子曰:"绘事后素^⑤。"

曰:"礼后乎?"子曰:"起予者商也^⑥,始可与言《诗》已矣。"

子曰:"《关雎》,乐而不淫^⑦,哀而不伤。"

子谓《韶》^⑧:"尽美矣,又尽善也。"谓《武》^⑨:"尽美矣,未尽善也。"

【导读】

本篇集中了孔子谈论礼的言论,内容广泛,包括祭天、祭祖、射礼、事君礼、丧礼等。从中可以看出,除了对周礼的推崇,对传统文化的继承,孔子更是丰富了礼的内涵,扩大了礼的范畴。

孔子提出纳仁入礼、仁礼结合。"人而不仁,如礼何?人而不仁,如乐何?"离开了仁,光讲礼乐,是没有意义的。孔子还谈论了礼与乐的关系,认为二者是相辅相成的,礼与乐的配合,才能更好地发挥陶冶性情、协调社会关系的作用。孔子关于礼与仁关系的论述,在礼崩乐坏的春秋末期,具有很强的针对性和进步性。

这里孔子所说的"礼",已不是一般意义上的礼。它的意义非常广泛,

---

① 射:射箭。古时天子、诸侯、卿大夫等贵族用以挑选人才的礼仪。
② 揖:拱手行礼,表示尊敬。升:登阶入堂。
③ 下:走下堂。饮:喝酒。
④ "巧笑倩兮,美目盼兮"见《诗经》,原意是赞美女子美丽的容貌。
⑤ 绘:绘画。素:白色。
⑥ 起:启发。商:子夏的名字,子夏姓卜,名商,孔子称其名。
⑦ 《关雎》:诗经的第一篇。淫:过分而到了不恰当的地步。
⑧ 《韶》:传说上古舜时的乐曲名,是歌颂舜的乐曲。在古代,帝王治国成功,必作乐舞来歌颂。舜因其品德高尚由尧禅让而登帝位,所以孔子认为其善。
⑨ 《武》:传说中的周武王时的乐曲名,是歌颂周武王的。武王以武力讨伐商纣而得天下,所以孔子认为此乐不十分完善。

它规范了人与人之间相处的准则,如父子之间、君臣之间、朋友之间、长幼之间等,同时也规范了国家运作的种种制度。

文中,林放问孔子"礼之本",孔子回答:"大哉问!礼,与其奢也,宁俭;丧,与其易也,宁戚。"可以看到,孔子所说的礼是符合人心中的真性情的,而不是烦琐的仪式。总言之,礼是社会发展到一定阶段的文化产物,崇礼、尚礼是人类文明进步的表现。

译　文

孔子说:"一个人没有仁德,他怎么能实行礼呢?一个人没有仁德,他怎么能使用乐呢?"

林放问什么是礼的根本。孔子回答说:"你问的问题意义重大,就礼节仪式的一般情况而言,与其奢侈,不如节俭;就丧事而言,与其仪式上治办周备,不如内心真正哀伤。"

孔子说:"夷狄(文化落后)虽然有君主,还不如中原诸国没有君主呢。"

季氏去祭祀泰山。孔子对冉有说:"你难道不能劝阻他吗?"冉有说:"不能。"孔子说:"唉!难道说泰山之神还不如林放知礼吗?"

孔子说:"君子没有什么可与别人争的事情。如果有的话,那就是射箭比赛了。比赛时,先相互作揖谦让,然后上场比赛。射完后,又相互作揖再退下来,然后登堂喝酒。这就是君子之争。"

子夏问孔子:"'笑得真好看啊,美丽的眼睛真明亮啊,用素粉来打扮啊。'这几句话是什么意思呢?"孔子说:"这是说先有白底然后画画。"子夏又问:"那么,是不是说礼也是后起的事呢?"孔子说:"商,你真是能启发我的人,现在可以同你讨论《诗经》了。"

孔子说:"《关雎》这篇诗,快乐而不放荡,忧愁而不哀伤。"

孔子讲到《韶》这一乐舞时说:"艺术形式美极了,内容也很好。"谈到《武》这一乐舞时说:"艺术形式很美,但内容却差一些。"

史记·廉颇蔺相如列传（节选）

既罢，归国，以相如功大，拜为上卿，位在廉颇之右。廉颇曰："我为赵将，有攻城野战之大功，而蔺相如徒以口舌为劳，而位居我上。且相如素贱人，吾羞，不忍①为之下。"宣言②曰："我见相如，必辱之！"相如闻，不肯与会。相如每朝时，常称病，不欲与廉颇争列。已而相如出，望见廉颇，相如引车避匿。于是舍人相与谏曰："臣所以去亲戚而事君者，徒慕君之高义也。今君与廉颇同列，廉君宣恶言而君畏匿之，恐惧殊甚。且庸人尚羞之，况于将相乎！臣等不肖，请辞去。"蔺相如固止之，曰："公之视廉将军孰与秦王？"曰："不若也。"相如曰："夫以秦王之威，而相如廷叱之，辱其群臣；相如虽驽，独畏廉将军哉！顾吾念之，强秦之所以不敢加兵于赵者，徒以吾两人在也。今两虎共斗，其势不俱生。吾所以为此者，以先国家之急，而后私仇也。"廉颇闻之，肉袒负荆，因宾客至蔺相如门谢罪。曰："鄙贱之人，不知将军宽之至此也。"卒相与欢，为刎颈之交。

【导读】

蔺相如是战国后期杰出的政治家、外交家，是完璧归赵、渑池之会中视死如归、逼迫强秦就犯的硬汉，同时也是心胸宽广、忍辱负重、顾全大局的谦谦君子。

蔺相如因功位居老将军廉颇之上，廉颇不服，多次扬言要羞辱他，而他却选择回避。在廉颇的挑衅面前，蔺相如为了国家利益，一再隐忍避让，不与

---

① 不忍：不能容忍，受不了。
② 宣言：扬言。

之计较。蔺相如的豁达大度，感化了廉颇。廉颇知错就改，负荆请罪，最终两人成为生死之交。

▲黄庭坚书法作品《廉颇蔺相如传》（部分）

　　清初作家李渔十分敬佩蔺相如的退让之策，认为"于此而能自屈，可谓屈人之不能者矣"。同时他又指出，"相如非能自屈，乃深于屈人者矣"。蔺相如深知使人屈服之道，他深知老将军爱国如他。在国家危难之际，两人在爱国这一根本利益上是一致的，因而他坚信凭自己对国家的赤诚之心和忍辱负重的做法能赢得对方的服膺。

　　"将相和"的故事即源于此，"负荆请罪"的典故也源于此。一个是，宰相肚里能撑船；一个是，知错就改敢罪己。千古佳话，传为美谈。

译　文

　　渑池会结束以后回到赵国，由于蔺相如功劳大，被封为上卿，官位在廉颇之上。廉颇说："作为赵国的将军，我有攻战城池、作战旷野的大功劳，而蔺相如只不过靠能说会道立了点功，可是他的地位却在我之上，况且蔺相如本来就出身卑贱，我感到羞耻，无法容忍位居他的下面。"并且扬言说："我遇见蔺相如，一定要羞辱他一番。"蔺相如听到这话后，不愿意和廉颇碰面。每到上朝时，蔺相如常常声称有病不来上朝，不愿和廉颇去争位次的先后。没过多久，蔺相如外出，远远看到廉颇，蔺相如就掉转车子回避。蔺相如的门客就一起来向蔺相如抗议说:"我们之所以离开亲人来侍奉您,是仰慕您高尚的节义呀。如今您与廉颇官位相同,廉颇多次对您恶语相向,而您却害怕躲避他,胆怯得也太过分了,一般人尚且感到羞耻,更何况是身为将相的人呢!我们这些人没有出息,请让我们离开吧!"蔺相如坚决挽留他们,说:"诸位认为廉将军和秦王相比谁更厉害?"众人都说:"廉将军比不上秦王。"蔺相如说:"以秦王的威势,而我尚敢在朝廷上呵斥他,羞辱他的群臣,我蔺相如虽然无能,难道会害怕廉将军吗?但是我想到,强大的秦国之所以不敢对赵国用兵,就是因为有我们两人在呀。如今我们俩相斗,就如同两猛虎争斗一般,势必不能共存。我之所以这样忍让,就是考虑到将国家的危难放在前面,而将个人的私怨搁在后面罢了!"廉颇听说了这些话,就脱去上衣,露出上身,背着荆条,由宾客引领,来到蔺相如的门前请罪,他说:"我这个粗野卑贱的人,想不到将军的胸怀如此宽大啊!"二人终于和好,成了生死与共的好友。

旧闻随笔·六尺巷

张文端公居宅旁有隙地①,与吴氏邻,吴氏越用之②。家人驰书于都③,公批诗于后寄归,云:"一纸书来只为墙,让他三尺又何妨?长城万里今犹在,不见当年秦始皇。"家人得书,遂撤让三尺,吴氏闻之,感其义,亦退让三尺。故六尺巷遂以为名焉。

【导读】

"六尺巷"故事发生在清初康熙年间桐城张、吴两家高门之内,本来仅为两家宅基地纠纷,因宰相以"和"为贵,使其上升到"德化"的高度。时隔

---

① 隙地:空着的地方。
② 越:超出(范围)。
③ 都(dū):首都,即当时的京城。

二百余年,桐城人姚永朴不吝笔墨,记录了这则故事,刊布于世,被桐城百姓广为传颂。

▲合肥财经职业学院礼让六尺巷

"六尺巷"故事,颂扬了乡贤先辈的"隐德",两百多年岁月遭递,已积淀成一种"礼让"文化精神,淳化风俗,直指人心,一直影响着平民百姓的日常生活。

今天"六尺巷"作为一种文化符号,不仅在原址重建,而且在安徽省城合肥也有仿建。合肥财经职业学院内的"礼让六尺巷",就是其中的一例,与徽商影壁相连,是对学生进行爱国主义教育的基地。

译 文

张英的祖宅旁有空地,与桐城望族麻溪吴氏相邻。吴氏超出范围使用空地,两家因界址问题发生争执,张家人千里传书到京城求助。张英收书后批诗一首:"一纸书来只为墙,让他三尺又何妨?长城万里今犹在,不见当年秦始皇。"张家人豁然开朗,退让了三尺。吴家见状深受感动,也让出三尺,形成了一条六尺宽的巷子,该地现存至今,名为"六尺巷"。

仁爱孝悌

　　仁爱孝悌，是中华民族传统美德中最具特色的部分。仁，是中华民族道德精神的象征。"仁"德的核心是爱人，即"仁者爱人"；孝悌之德的核心是父慈子孝、兄友弟恭。

　　孝悌与仁的关系，是基础道德和理想道德的关系。孔子把孝悌作为行仁的根本——"仁之本"，也是为人的根本——"人之本"。敬爱父母兄长是实现仁德的第一要求；一个人只有做到"入则孝，出则悌"，推己及人，达到"泛爱众"，才能立身为人。有了人德和仁德，才具有浩然之气，才能昂首屹立于天地之间。

　　反而思之，一个人如果缺少仁爱和孝悌，那么他做人的资格就要受到质疑。缺得多，质疑得多；完全缺失，则不离禽兽。生活中人们常把忘恩负义、心肠歹毒、心狠手辣的人斥之为"禽兽不如"，就是因为这类人不懂得仁，也不懂得爱，鬼迷心窍，枉披人皮。由此可见，"仁爱"是多么重要的做人品质，我们万万丢失不得！

诗经·蓼莪

蓼蓼者莪[1]，匪莪伊[2]蒿。哀哀父母，生我劬劳[3]。

蓼蓼者莪，匪莪伊蔚[4]。哀哀父母，生我劳瘁[5]。

缾之罄[6]矣，维罍[7]之耻。鲜民[8]之生，不如死之久矣。

无父何怙？无母何恃[9]？出[10]则衔恤，入[11]则靡至。

父兮生我，母兮鞠[12]我。拊[13]我畜我，长[14]我育[15]我，

顾[16]我复我，出入腹[17]我。欲报之[18]德。昊天罔极[19]！

南山烈烈[20]，飘风[21]发发。民莫不穀[22]，我独何害[23]！

---

[1] 蓼蓼（lù）：长大的样子。莪：蒿类，俗名抱娘蒿。
[2] 匪：非，不是。伊：是。
[3] 哀哀：悲伤悔恨的叹词。劬（qú）劳：辛勤劳苦。
[4] 蔚：一种蒿。
[5] 劳瘁：劳累憔悴。
[6] 缾：亦作"瓶"，盛水或酒的器皿。罄（qìng）：尽、空的意思。
[7] 维：是。罍：大肚小口的酒坛。诗人以缾喻父母，以罍喻子，以瓶罄罍耻喻父母死而己独生为可耻。
[8] 鲜民：寡民，孤子。
[9] 怙、恃：以父母为依靠。
[10] 出：出门，指离家服役。
[11] 入：进门，指回家。
[12] 鞠：育，养。
[13] 拊：通"抚"，抚摸。
[14] 长：喂大。
[15] 育：教育。
[16] 顾：看视，照顾。
[17] 腹：抱在怀里。
[18] 之：代词，指父母。
[19] 罔极：无常，没有定准。
[20] 烈烈：山高峻貌。
[21] 飘风：暴起之风。
[22] 穀（gǔ）：善，幸福，指能赡养父母。
[23] 何：通"荷"，蒙受。害：灾害。

南山律律①，飘风弗弗②。民莫不穀，我独不卒③！

【导读】

《诗经》是我国第一部诗歌总集，经孔子删定后共收诗305篇，简称"诗三百"。内容可分为"风""雅""颂"三类，创作年代距今两千五百年左右，大体从西周初叶至春秋中叶。

本诗写子女思念父母、感念父母抚育之辛劳，却不得终养父母之哀痛。前两章以"蓼蓼者莪"起兴，诗人自比散生的蒿、蔚，自恨不如抱娘蒿，联想到父母的辛劳、劳瘁，表现不能行"孝"的悲痛之情；第三章讲述自己不得终养父母的原因，将自己不能终养父母的羞耻和悲恨绝望的心情刻画得淋漓尽致；第四章诗人连用了"生""鞠""拊""畜""长""育""顾""复""腹"九个动词和九个"我"字，如哭诉一般，道出无限哀思；后两章，以南山、飘风起兴，营造肃杀悲凉的气氛，更添悲痛之情。

《晋书·孝友传》载王裒因痛父无罪处死，隐居教授，"及读《诗》至'哀哀父母，生我劬劳'，未尝不三复流涕，门人受业者并废《蓼莪》之篇"；又《齐书·高逸传》载顾欢在天台山授徒，因"早孤，每读《诗》至'哀哀父母'，辄执书恸泣，学者由是废《蓼莪》"。

一首诗，竟能引起这么大的震动，足见其艺术的魅力！

译　文

看那莪蒿长得高，却非莪蒿是散蒿。可怜我的爹和娘，生我养我太辛劳。
看那莪蒿相依偎，却非莪蒿只是蔚。可怜我的爹和娘，生我养我太劳累。
酒瓶底儿早空了，酒坛应该觉害臊。孤儿活在世界上，不如早些就死掉。

---

① 律律：山势突起高耸貌。
② 弗弗：大风急促扬尘貌。
③ 不卒：不得给父母送终。

明德·践行

没有父亲何所依,没有母亲何所靠。出门行走心含悲,入门茫然不知止。
爹呀是你生下我,娘呀是你哺养我。抚摸我呀爱护我,养我长大教育我。
照顾我呀挂念我,出门进门抱着我。如今想报爹娘恩,没想老天降灾祸!
南山崎岖行路难,狂风呼啸刺骨寒。人人都能养爹娘,独我服役受苦难。
南山高耸把路挡,狂风呼啸尘飞扬。人人都能养爹娘,独我不能去奔丧!

▲闵子骞单衣顺母

论语·学而(二章)

有子①曰:"其为人也孝弟②,而好犯上者,鲜矣;不好犯上而好作乱者,未之有也。君子务本,本立而道生。孝弟也者,其为仁之本与!"

子曰:"弟子入则孝,出则弟,谨而信,泛③爱众,而亲仁④,行有余力,则以学文。"

【导读】

"仁"是孔子思想的核心,是为人的最高境界。至于如何达成"仁",孔子认为是因人而异的,可通过后天的学习和实践来实现,以"学"求"仁",以"知"达"仁"则是始终如一的。

孝悌为"仁之本",敬爱父母兄长是实现仁德的第一要求。如果一个人能做到"入则孝,出则弟""推己及人""己欲立而立人",就有可能达到仁德的境界。

文中还主张"德治",认为"德治"优于"法治",而孝为德治之本。孔子认为,将孝道推而广之,人皆知孝,便可由"齐家"进而达到"治平"的目的。

文中还提出了"泛爱众",即要广施爱心,遍洒甘霖,亲近仁人志士,关爱芸芸众生。这是孔子对学子的寄望,也是对社会的宣示。两千多年来,这一主张广泛流传,深刻影响了中国人的思想行为。

---

① 有子:孔子弟子,姓有,名若。
② 孝弟(tì):奉养父母,尊重兄长。
③ 泛:广泛。
④ 亲仁:亲近有仁德的人。

明德·践行

译 文

有子说:"孝顺父母,顺从兄长,而喜好冒犯长辈和上级的人,这样的人是很少见的。不喜好冒犯长辈和上级的人,而喜好作乱的人是没有的。君子专心致力于根本的事务,根本建立了,治国做人的原则也就有了。孝顺父母、顺从兄长,这就是仁的根本啊!"

孔子说:"少年弟子在父母跟前,就孝顺父母;出门在外,要顺从师长,言行要谨慎,要诚实可信,寡言少语,要广泛地去爱众人,亲近那些有仁德的人。这样躬行实践之后,若还有余力的话,就再去学习文化知识。"

墨子·兼爱(节选)

圣人以治天下为事者也,不可不察乱之所自起。当①察乱何自起?起不相爱②。臣子之不孝君父,所谓乱也。子自爱,不爱父,故③亏④父而自利;弟自爱,不爱兄,故亏兄而自利;臣自爱,不爱君,故亏君而自利,此所谓乱也。虽父之不慈⑤子,兄之不慈弟,君之不慈臣,此亦天下之所谓乱也。父自爱也,不爱子,故亏子而自利;兄自爱也,不爱弟,故亏弟而自利;君自爱也,不爱臣,故亏臣而自利。是何也⑥?皆起不相爱。

---

① 当:通"尝",试。
② 起不自爱:起源于互不相爱。
③ 故:所以、于是。
④ 亏:损害。
⑤ 慈:爱。
⑥ 是何也:这是什么缘故。

【导读】

兼爱是墨家学派最有代表性的思想。兼，有"整体""无差别"之意。兼爱，即普遍平等地施爱。墨子认为，社会的混乱起源于不相爱，兼爱可以拯救这种混乱。墨子把兼爱奉为自己的政治理想，并为之周游列国，奔走呼号，身体力行，不惧困苦和艰辛。他希望兼爱能在全社会得以实现，成为治理国家的方针，成为医治社会弊病的良方。

兼爱，这种古老的博爱思想，由儒家的"仁"和《礼记》的"不独亲其亲，不独子其子"发展而来。孔子将"爱人"的"仁"，改造成了"忠恕"的"仁"；墨子则抽去了其中宗法等级制内容，主张"使天下兼相爱"。所以墨子的"兼爱"既是对儒家"仁爱"的发展，又是对儒家"仁爱"的否定。

墨子，其诚也，可悯；其义也，可嘉；其道也，可赞！

译 文

圣人是以治理天下为事业的人，不可不考察混乱产生的根源。尝试考察混乱从哪里产生的？源于人与人不相爱。臣对君不忠，子对父不孝，就是所谓乱。儿子爱自己而不爱父亲，因而损害父亲以自利；弟弟爱自己而不爱兄长，因而损害兄长以自利；臣下爱自己而不爱君上，因而损害君上以自利，这就是所谓混乱。反过来，父亲不慈爱儿子，兄长不爱弟弟，君上不慈爱臣下，这也是所谓的天下混乱。父亲爱自己而不爱儿子，所以损害儿子以自利；兄长爱自己而不爱弟弟，所以损害弟弟以自利；君上爱自己而不爱臣下，所以损害臣下以自利。这是为什么呢？都是源于不相爱。

仁说(节选)

朱 熹

天地以生物为心①者也,而人物之生,又各得夫天地之心以为心者也。故语心之德,虽其总摄贯通,无所不备,然一言以蔽之,则曰仁而已矣。

【导读】

朱熹,南宋理学集大成者,其思想对元、明、清三代影响很大,被尊为孔子之后的又一人。

仁,经孔子创立,成为儒学核心,成为儒家政治理想和道德标准。朱熹对仁学又进行了深入的探讨,丰富了仁学的内容,扩大了仁爱的范围。朱熹的仁学体系以天人合一为基础,以心统性情为构架,认为天地生生不已,永无止息,是生物之仁。人得天地之心以为心,因而人心之德即为人道之仁。天地之心落实到人的本心即为仁义礼智四德,而"仁"居其首,为"众善之长","仁包四德而贯四端"。这就把"仁"推到至高无上的境地。

依朱熹的说法,人的本心就是"仁",如此而已。

▲明代画家郭诩绘《朱子像》

---

① 心:认识能力。

译　文

天和地以有生命的万物作为它们（天和地）的"心"，尤其是作为"万物之主"或"万物之灵"（生活在天与地之间）的人类，乃以天、地之心为自己（人类）的心。所以，谈到心的"德性"（本质或特点），虽然可以包括、贯通着天与地的心，无所不包（就像天和地无所不包一样），但是可以用一句话来概括它（指"人心"的本质或特点），那就是"仁"。

致诸弟·劝述孝悌之道（节选）①

曾国藩

今人都将学字看错了。若细读"贤贤易色"一章②，则绝大学问即在家庭日用之间。于孝弟③两字上，尽一分，便是一分学，尽十分，便是十分学。今人读书皆为科名起见，于孝弟伦纪之大④，反似与书不相关。殊不知书上所载的，作文时所代圣贤说的，无非要明白这个道理。若果事事做得⑤，即笔下说不出何妨；若事事不能做，并有亏于伦纪之大，即文章说得好，亦只算个名教中之罪人。

贤弟性情真挚，而短于诗文，何不日日在孝弟两字上用功？《曲礼》《内则》所说的⑥，句句依他做出，务使祖父母、父母、叔父母无一时不安乐，无一时不顺适；下而兄弟妻子皆蔼然有恩⑦，秩然有序，此真大学问也！若诗文不好，此小事不足计；即好极，亦不值一钱。不知贤弟肯听

---

① 本篇选自（清）曾国藩著，张智编译《曾国藩家书》，本篇选文内容浅易，故未作译文。
② 贤贤易色：此句出于《论语》，意为遇到学问和道德修养较高的贤者，就会肃然起敬，认真地对待。
③ 孝弟：孝悌。
④ 伦纪：伦常纲纪。
⑤ 若果：如果。
⑥ 《曲礼》《内则》：此系儒家经典《礼记》中的名篇。
⑦ 蔼然：和蔼可亲的样子。

此语否？科名之所以可贵者，谓其足以承堂上之欢也，谓禄仕①可以养亲也。今吾已得之矣，即使诸弟不得，亦可以承欢，可以养亲。何必兄弟尽得哉？贤弟若细思此理，但于孝弟上用功，不于诗文上用功，则诗文不期进而自进矣。

【导读】

曾国藩是历史上颇为著名的晚清大儒，"孝悌"是曾国藩家庭伦理思想的核心。他极为赞同并躬行孔子"君子务本，本立而道生。孝弟也者，其为仁之本与"的主张，认为孝悌是立家之本，告诫兄弟子侄要"以孝立身"，在"孝悌"二字上用功。曾国藩家书中，直接或间接涉及"孝友"内容的有数百封之多。

曾氏家书，挥笔自如，随想而至，于平淡家常事中蕴含真知良言，体现他的学识造诣，从而赢得"道德文章冠冕一代"的称誉。

---

① 禄仕：做官的俸禄。

志存高远

志存高远,即志向远大,有事业心,追求卓越等,也有"直挂云帆济沧海"的意境。如北洋水师中航速最快的一艘战舰就被命名为"致远号",特指乘风破浪、势不可挡、奔向远方的意思。

"志存高远"典出诸葛亮的《诫外甥书》,诸葛亮告诫外甥要有远大的志向,修身养性,要追慕先贤,节制情欲,去掉郁结在胸中的俗念,接近圣贤的高尚品德。这既是智慧老人对晚辈的期冀,也是晚辈成才的必要条件。

欲成才,须立志;欲立志,须高远。高远的志向,既是前进的方向,也是前进的动力。有志之人,目光远大,生活充实,意气风发,惜时如金;无志之人,鼠目寸光,生活空虚,精神委顿,虚度青春。差别如此之大,结果如此悬殊。前有圣贤之告诫,后有无数之明证。亲爱的朋友们,你们该作何选择呢?

▲《礼记》书影

礼记·大学（一章）

大学①之道②，在明③明德④，在亲⑤民，在止⑥于至善⑦。

知止⑧而后有定⑨，定而后能静⑩，静而后能安⑪，安而后能虑⑫，虑而后能得⑬。物有本末，事有终始。知所先后，则近道⑭矣。

古之欲明明德于天下者，先治⑮其国；欲治其国者，先齐⑯其家；欲齐其家者，先修⑰其身；欲修其身者，先正⑱其心；欲正其心者，先诚其意⑲；欲诚其意者，先致其知。致知⑳在格物㉑。物格㉒而后知至㉓，知至而后意诚，意诚而后心正，心正而后身修，身修而后家齐，家齐而后国治，

---

① 大学：大学与小学相对而言，指儒家修己教人、治国平天下的学说。
② 道：宗旨，原则。
③ 明：动词，使……发扬。
④ 明德：光明的德性。
⑤ 亲：同"新"，动词，使……新。新民，即使百姓弃旧图新、去恶从善。
⑥ 止：到达。
⑦ 至善：善的最高境界。
⑧ 止：名词，所止之地，即至善。
⑨ 定：定向、志向。
⑩ 静：安静，心不浮躁，不妄动。
⑪ 安：安稳。
⑫ 虑：思虑。
⑬ 得：有所收获，即得到至善。
⑭ 道：指大学的道理，即至善之道。
⑮ 治：治理。
⑯ 齐：整、整顿。
⑰ 修：修养。
⑱ 正：端正。
⑲ 诚其意：心诚意实，即始终忠实于自己的道德理念。
⑳ 致知：致，至、推至；知，知识。
㉑ 格物：穷究物理。
㉒ 物格：遇事即物便推究其理。
㉓ 知至：知识充满于内心，达到无所不知。

国治而后天下平。自天子以至于庶人①,壹是②皆以修身为本。

其本乱,而末治者否③矣。其所厚者薄,而其所薄者厚,未之有也。

【导读】

《大学》是一篇论述儒家修身、齐家、治国、平天下的文章,相传为曾子所作,后经宋儒推崇,和《中庸》《论语》《孟子》并称"四书",为儒家经典。

本篇是《大学》的开篇,告诉我们,志有本末、轻重之分。只有明确了本末、轻重,才能够坚定志向、心无旁骛。无论权贵还是平民百姓,品德修养都应置于首位。

治国平天下固为大志,但先要经历格物、致知、诚意、正心、修身、齐家六个阶段。其中修身为本,修身之上的"格物、致知、诚意、正心"专注于心性修养,属儒家的"内圣"之学;修身之下的"齐家、治国、平天下"是君子之行为规范及治政之事,属儒家的"外王"之学。《大学》这内外八条说明,修己是治人的前提,修己和治国平天下有密不可分的联系。

孙中山很赞赏《大学》中的格物、致知、正心、修身、治国、平天下的修养目的和修养方法,认为这些都是"应该保存的"中国的"独有宝贝"。

译 文

大学的宗旨在于弘扬光明正大的品德,在于使人弃旧图新,在于使人达到最完善的境界。

知道应达到的境界才能够志向坚定;志向坚定才能够镇静不躁;镇静不躁才能够心安理得;心安理得才能够思虑周详;思虑周详才能够有所收获。每样东西都有根本有枝末,每件事情都有开始有终结。明白了这本末始终的道

---

① 庶人:普通百姓。

② 壹是:都是。

③ 否:不可能。

理，就接近事物发展的规律了。

古代那些要想在天下弘扬光明正大品德的人，先要治理好自己的国家；要想治理好自己的国家，先要管理好自己的家庭和家族；要想管理好自己的家庭和家族，先要修养自身的品性；要想修养自身的品性，先要端正自己的心思；要想端正自己的心思，先要使自己的意念真诚；要想使自己的意念真诚，先要使自己获得知识；获得知识的途径在于认识、研究万事万物。认识、研究万事万物后才能获得知识；获得知识后意念才能真诚；意念真诚后心思才能端正；心思端正后才能修养品性；品性修养后才能管理好家庭和家族；管理好家庭和家族后才能治理好国家；治理好国家后天下才能太平。上自国家元首，下至平民百姓，都要以修养品性为根本。

若这个根本被扰乱了，家庭、家族、国家、天下要治理好是不可能的。不分轻重缓急，本末倒置却想做好事情，这同样也是不可能的！

孟子·尽心下（三十四）

孟子曰："说大人，则藐之，勿视其巍巍然。堂高数仞，榱题①数尺，我得志，弗为也。食前方丈，侍妾数百人，我得志，弗为也。般乐饮酒，驱骋田猎，后车千乘，我得志，弗为也。在彼者，皆我所不为也；在我者，皆古之制也，吾何畏彼哉？"

【导读】

孟子，战国时期邹国人，是仅次于孔子的一代儒家宗师，对后世中国文化影响巨大，有"亚圣"之称，与孔子合称为"孔孟"。

本章孟子强调人必须有"志"，即"立志"，"志"便是"仁义而已"，

---

① 榱题：指屋檐。

基于这种"仁义","士"不可慑于权威,要敢于藐视他们,勇于面对各种考验,不为饮食、游畋而丧志。

"不义而富且贵,于我如浮云",哪怕是雕梁画栋,哪怕是姬妾成群,哪怕是车骑千乘!孟子发挥孔子的"富贵浮云"说,充满浩然之气和义无反顾精神。正是这股子浩气和精神,使他敢于"说大人,则藐之",不慕富贵,不怕贫贱,不惧威武。

"富贵如浮云"。富贵是身外之物,生不带来,死不带去。许多人看不透这一点,一旦有了权势,就拼命攫取,结果往往鸡飞蛋打,锒铛入狱。教训如此深刻,但依然有人不吸取。今天重读孟子的这番话,不能不令人唏嘘感慨。

译文

孟子说:"向诸侯进言,就得轻视他,不要把他高高在上的地位放在眼里。堂高两三丈,屋檐几尺宽,我如果得志,不这样干。菜肴满桌,姬妾数百,我如果得志,不这样干。饮酒作乐,骑马在田野上打猎,后面跟随着兵车千乘,我如果得志,不这样干。他所干的,都是我所不干的;我所干的,都符合古代制度,那我为什么要怕他呢?"

诫外甥书

三国·诸葛亮

夫志当存高远①,慕先贤,绝情欲,弃疑滞②,使庶几之志③,揭然④

---

① 存:怀有。
② 滞:拘泥,不变通。
③ 庶几:指圣贤。
④ 揭:显露。

有所存，恻然有所感①；忍屈伸②，去细碎③，广咨问，除嫌吝④，虽有淹留⑤，何损于美趣，何患于不济⑥。若志不强毅，意不慷慨，徒碌碌滞于俗⑦，默默束于情，永窜伏于凡庸⑧，不免于下流矣⑨！

【导读】

诸葛亮是三国时期著名的政治家和军事家，也是著名的智者，被后人誉为"智慧的化身"。诸葛亮在戎马倥偬中曾写过两篇著名的家书——《诫子书》和《诫外甥书》，凝聚了他洞察人生的精髓，是中国最经典的传世家训。

《诫外甥书》是诸葛亮写给外甥庞涣的，教育他如何立志、修身、成才。要以古圣先贤为榜样，节制情欲，去除俗念，不为琐事所困扰。要能屈能伸，抛弃杂念，雅纳他人意见，做到心胸开阔。继而又从反面作了论述，若无远大志向、坚强意志，最终只能在世俗中随波逐流，庸庸碌碌，无所成就。

本篇言简意赅，内涵丰富。曾国藩在家训中也曾教育子女要"有志、有识、有恒"。有志，断不甘为下流；有识，则知学问无尽，不敢以一得自足；有恒，则断无不成之事。这些与本篇主旨有异曲同工之妙，都凝聚着非凡人物的宝贵经验。

今天，这些家书仍然熠熠生辉，值得国人自勉自励。

---

① 恻：哀伤。
② 忍：容忍。
③ 细碎：细小繁杂。
④ 嫌：埋怨，不满。
⑤ 淹留：滞留。这里指暂时不得做官的意思。
⑥ 济：成功。
⑦ 徒：白白地。碌碌：平庸，无能。
⑧ 窜：躲藏。伏：藏匿。
⑨ 下流：河流出口处，比喻地位低微，这里指没有出息。

译 文

  一个人应该树立远大的理想，追慕先贤，节制情欲，去掉郁结在胸中的俗念，使几乎接近圣贤的那种高尚志向，在你身上明白地体现出来，使你内心震动、心领神会。要能够适应顺利、曲折等不同境遇的考验，摆脱琐碎事务和感情的纠缠，广泛地向人请教，根除自己怨天尤人的情绪。做到这些以后，虽然也有可能在事业上暂时停步不前，但哪会损毁自己高尚的情趣，又何必担心事业会不成功呢！如果志向不坚毅，思想境界不开阔，沉溺于世俗私情，碌碌无为，永远混杂在平庸的人群之中，就难免会沦落到下流社会，成为没有教养、没有出息的人。

龟虽寿

三国·曹操①

神龟虽寿②，犹有竟时③；

腾蛇乘雾④，终为土灰。

老骥伏枥⑤，志在千里；

烈士暮年⑥，壮心不已。

盈缩之期⑦，不但在天；

---

① 曹操（155年—220年）：字孟德，一名吉利，小字阿瞒，沛国谯县（今安徽亳州市）人。东汉末年杰出的政治家、军事家、文学家、书法家，三国中曹魏政权的奠基人。
② 神龟：《庄子·秋水》："吾闻楚有神龟，死已三千岁矣"。龟的寿命很长，古人将它作为长寿的代表。
③ 竟：终了，这里指死亡。
④ 腾蛇：古代传说中一种能乘雾而飞的蛇。
⑤ 骥（jì）：一日能行千里的马。枥：马槽。
⑥ 烈士：指怀有雄心壮志的人。
⑦ 盈：长。缩：短。指生命的长短。

养怡之福①，可得永年。

幸甚至哉，歌以咏志。

【导读】

曹操是东汉末年杰出的政治家、军事家和文学家，他的诗歌气魄雄伟，慷慨悲凉，清峻奇崛，开一代新风，被称为"建安风骨"。

《龟虽寿》是一首四言乐府诗，作者自比一匹上了年纪的千里马，虽然形体衰老，屈居枥下，但胸中仍然激荡着驰骋千里的豪情壮志，表现出老当益壮、积极进取的人生态度。

"老骥伏枥，志在千里，烈士暮年，壮心不已"，笔力遒劲，韵律沉雄，内隐一股锐意进取的豪迈气概。"盈缩之期，不但在天，养怡之福，可得永年"，亲切温馨，深沉委婉，表达一种不甘衰老、不信天命的乐观自信。

▲河北昌黎碣石山

全诗跌宕起伏，机理缜密，迸发着奋斗之情，奏响着乐观之声，一扫诗坛缠绵凄恻的情调，震烁古今。

曹操鞍马为文，横槊赋诗，其诗激荡着一股英雄之气，这不也是今天应该发扬光大的一种精神吗？

---

① 养怡：保养身心健康。

译文

神龟虽然十分长寿,但生命终究会有结束的一天。

腾蛇尽管能乘雾飞行,但终究也会死亡化为土灰。

年老的千里马虽然伏在马槽旁,雄心壮志仍是驰骋千里。

壮志凌云的人即便到了晚年,奋发思进的心也永不止息。

人寿命长短,不只是由上天决定。

调养好身心,就定可以益寿延年。

真是幸运极了,用歌唱来表达自己的志向吧。

南陵别儿童入京[①]

唐·李白

白酒新熟山中归[②],黄鸡啄黍秋正肥。

呼童烹鸡酌白酒,儿女嬉笑牵人衣[③]。

高歌取醉欲自慰,起舞落日争光辉[④]。

游说万乘苦不早[⑤],着鞭跨马涉远道。

---

① 南陵:一说在东鲁,曲阜县南有陵城村,人称"南陵";一说在今安徽省南陵县。
② 白酒:古代酒分清酒、白酒两种。
③ 嬉笑:欢笑,戏乐。
④ 起舞落日争光辉:指人逢喜事光彩焕发,与日光相辉映。
⑤ 游说(shuì):指战国时,有才之人以口辩舌战打动诸侯,获取官位。万乘(shèng):指君主。古代制度,天子地方千里,车万乘,后来称皇帝为万乘。苦不早:意思是恨不能早些年头见到皇帝。

会稽愚妇轻买臣①,余亦辞家西入秦②。
仰天大笑出门去,我辈岂是蓬蒿人③。

【导读】

李白,字太白,唐代浪漫主义诗人,被后人誉为"诗仙"。

李白素有远大的抱负,立志要"申管晏之谈,谋帝王之术,奋其智能,愿为辅弼"。公元742年,李白接到唐玄宗召他入京的诏书,异常兴奋,即刻与家人辞行,并写下这首激情洋溢的七言古诗。

诗一开始就描绘出一派丰收的景象,表现出一种欢快的气氛,衬托出诗人兴高采烈的心情。接着,又摄取一组特写"镜头",通过儿女嬉笑、开怀痛饮、高歌起舞几个典型场景,把诗人的喜悦心情表现得淋漓尽致。

"会稽愚妇轻买臣,余亦辞家西入秦"。李白把那些目光短浅、轻视自己的世俗小人比作"会稽愚妇",而自比朱买臣,认为自己像朱买臣一样,西去长安就可青云直上了,得意之态溢于言表。

"仰天大笑出门去,我辈岂是蓬蒿人",将诗的情感的波澜推向高潮。"仰天大笑",可见其得意的神态;"岂是蓬蒿人",显示了无比自负的心理。这两句把诗人踌躇满志的形象表现得活灵活现。

全诗采用直陈其事的赋体,而又兼采比兴,一波三折,跌宕起伏,使情感逐渐蕴蓄,最后喷薄而出。

结语:胸怀壮志去创业,我辈不是蓬蒿人!

---

① 会稽愚妇轻买臣:用朱买臣典故。买臣,即朱买臣,西汉会稽郡吴(今江苏省苏州市境内)人。据《汉书·朱买臣传》:"朱买臣,会稽郡吴人,家贫,好读书,不治产业。常割薪樵,卖以给食,担束薪行且诵读。其妻亦负担相随,数止买臣毋歌讴道中,买臣愈益疾歌,妻羞之求去。买臣笑曰:'我年五十当富贵,今已四十余矣。汝苦日久,待我富贵报汝功。'妻恚怒曰:'如公等,终饿死沟中耳,何能富贵?'买臣不能留,即听去。后买臣为会稽太守,入吴界见其故妻、妻夫治道。买臣驻车,呼令后车载其夫妻到太守舍,置园中,给食之。居一月,妻自尽死。"
② 西入秦:从南陵动身西行到长安去。秦:指唐时首都长安,春秋战国时为秦地。
③ 蓬蒿人:草野之人,指地位卑微的人。蓬、蒿:都是草本植物,这里借指草野民间。

译 文

白酒刚刚酿成时我从山中归来,黄鸡在啄着谷粒秋天长得正肥。
喊着童仆给我炖黄鸡斟上白酒,孩子们嬉笑吵闹牵扯我的布衣。
高歌畅饮以此表达我快慰之意,醉而起舞与秋日夕阳争夺光辉。
游说万乘之君已苦于时间不早,快马加鞭奋起直追开始奔远道。
会稽愚妇看不起贫穷的朱买臣,如今我也辞家去长安而西入秦。
仰面朝天纵声大笑着走出门去,我怎么会是一般身处草野之人?

见利思义

见利思义，是中华民族的传统美德之一。

"见利思义"，出自《论语·宪问》。文中说："见利思义，见危授命，久要不忘平生之言，亦可以为成人矣。"意思是，见到财货利益能想起道义，危亡关头不惜献出生命，长久处于困境而不忘记平生的诺言，就可以算是正人君子了。

孔子强调"见利思义"，并把它作为区分君子和小人的重要标准。孟子要求"先义而后利"，培养"配义与道"的浩然正气。荀子明确提出"先义而后利者荣，先利而后义者辱"。宋明理学家得出"利在义中""义中有利"的结论，明清思想家则提出"正义谋利"。这些义利观，集中体现了中国伦理道德的价值取向。

先义后利、以义制利是传统义利观的基本内容和合理内核，它升华为"生以载义""义以立生"的人生观和"杀身成仁""舍生取义"的崇高道德境界。这是鼓舞志士仁人为民族大业义无反顾地献身的重要精神力量，也是中华民族能够生生不息、中华文脉能够延续不断的重要原因。

"见利思义"的反面是"见利思占""见利思贪"，古今贪官信奉的都是这种观念。尽管这是一条自毙之路，但贪腐的种子依然绵延不绝。由小占小贪、小偷小摸到欲壑难填、一发而不可收，是一个发展渐变的过程。在这个过程中，物欲的诱惑致使义利颠倒，信仰的缺失致使道德沦丧。由此可知，树立正确的义利观、价值观是何等的重要！

"见利"是"思义"，还是"思占""思贪"？考验着每一个人；做君子，还是做小人？每个人都要用自己的行动作出回答。

论语·里仁①（节选）

子曰："君子喻②于义③，小人喻于利。"

子曰："见贤思齐焉，见不贤而内自省也。"

【导读】

上句讲的是君子之道。真正的君子深明大义，绝不蝇营狗苟，损人利己，追名逐利；而小人恰恰相反，不择手段，攫取名利，拔一毛利天下而不为。这里，孔子把"喻于义"还是"喻于利"作为区分君子和小人的标准，把义利观和道德人格联系在一起，这对于净化社会风气，具有积极意义。

下句讲的是修身养性。"见贤思齐"是说有贤德的人给自己带来震撼，驱使自己努力进取；"见不贤而内自省"是说无贤德的人对自己也有"价值"，那就是促使自己反省，汲取教训，避免重蹈覆辙。这里，孔子全面地看待有德和无德，把消极、负面的东西当作可资借鉴的东西、可转化利用的因素，这种朴素的辩证思想是值得我们学习的。孔子另一段语录"三人行，必有我师焉，择其善而从之，择其不善而改之"，亦有异曲同工之妙。

译 文

孔子说："君子明白大义，小人只知道小利。"

孔子说："见到贤人，就应该向他学习、看齐；见到不贤的人，就应该自我反省（自己有没有与他相类似的错误）。"

---

① 《论语·里仁》：本篇是《论语》的第四篇，这一篇包涵了儒家的若干重要范畴、原则和理论，对后世都产生过较大影响。里仁即居住在仁者所居之里，与仁人为邻。

② 喻：明白，通晓，这里译为"懂得"。

③ 义：道义。

明德·践行

孟子·鱼我所欲也

孟子曰："鱼，我所欲①也；熊掌，亦我所欲也，二者不可得兼②，舍鱼而取熊掌者也。生，亦我所欲也；义，亦我所欲也，二者不可得兼，舍生而取义者也。生亦我所欲，所欲有甚③于生者，故④不为苟得⑤也；死亦我所恶，所恶有甚于死者，故患有所不辟⑥也。如使⑦人之⑧所欲莫甚于生，则⑨凡可以得生者，何不用也⑩？使人之所恶莫甚于死者，则凡可以辟患者，何不为也？由是则生而有不用也，由是则可以辟患而有不为也。是故⑪所欲有甚于生者，所恶有甚于死者，非独⑫贤者有是心也，人皆有之，贤者能勿丧耳⑬。

一箪⑭食，一豆⑮羹，得之则生，弗得则死。呼尔⑯而与之，行道之人⑰弗受；蹴尔而与之⑱，乞人不屑⑲也。

---

① 欲：想要。
② 兼：同时具有。
③ 甚：超过。
④ 故：所以，因此。
⑤ 苟得：苟且取得，这里是"苟且偷生"的意思。
⑥ 辟：通"避"，躲避。
⑦ 如使：假如，假使。
⑧ 之：用于主谓之间，取消句子的独立性，无实意，不译。
⑨ 则：那么。
⑩ 何不用也：什么手段不可用呢？用，采用。
⑪ 是故：这是因为。
⑫ 非独：不只，不仅。非：不。独：仅。
⑬ 勿丧：不丧失。丧：丧失。
⑭ 箪：古代盛食物的圆竹器。
⑮ 豆：《说文》："豆，古食肉器也。"本义是指古代一种盛食物的器皿。
⑯ 呼尔：呼喝（轻蔑地，对人不尊重）。
⑰ 行道之人：（饥饿的）过路的行人。
⑱ 蹴尔而与之：即用脚踢着给人饭吃，指践踏。蹴：用脚踢。
⑲ 不屑：因轻视而不肯接受。

万钟①则不辨礼义而受之，万钟于我何加②焉？为宫室之美、妻妾之奉、所识穷乏者得我③与④？乡⑤为身死而不受，今为宫室之美为之；乡为身死而不受，今为妻妾之奉为之；乡为身死而不受，今为所识穷乏者得我而为之，是亦不可以已⑥乎？此之谓失其本心⑦。"

【导读】

本篇孟子论述了自己的一个重要主张：义重于生，当义和生不能两全时，应该"舍生取义"。

孟子用人们生活中熟知的事物打比方：鱼是我想得到的，熊掌也是我想得到的，在两者不能兼得的情况下，我宁愿舍弃鱼而要熊掌；生命是我所珍爱的，义也是我所珍爱的，在两者不能兼得的情况下，我宁愿舍弃生命而选择义。孟子把生命比作鱼，把义比作熊掌，认为义比生命更珍贵，就像熊掌比鱼更珍贵一样，这就很自然地引出了"舍生取义"的主张。进而孟子又批判了贪俸禄之丰厚、宫室之华美、妻妾之鲜丽的鲜廉寡耻的行为，与"舍生取义"形成强烈的对比。

孟子对舍生取义的赞颂，对万钟"不辨礼仪而受之"的批判，对后世产生了深远的影响。历史上许多志士仁人把"舍生取义"奉为行为的准则，把"富贵不能淫"奉为道德的楷模。文天祥在《过零丁洋》诗中说"人生自古谁无死，留取丹心照汗青"；谭嗣同在狱壁题诗说"我自横刀向天笑，去留肝胆两昆仑"；夏明翰在《就义诗》中说"砍头不要紧，只要主义真"，都是对"舍身取义"精神最好的诠释。

---

① 万钟：这里指高位厚禄。钟，古代的一种量器，六斛四斗为一钟。
② 何加：有什么益处。何，介词结构，后置。
③ 得我：感激我。得：通"德"，感激。
④ 与：通"欤"，语气助词。
⑤ 乡：通"向"，从前。
⑥ 已：停止，放弃。
⑦ 本心：本性，本来的思想，即指"义"。

▲孟子故里山东邹城孟庙孟府

译　文

　　鱼是我所想要的,熊掌也是我所想要的,如果这两种东西不能同时得到,我宁愿舍弃鱼而选取熊掌。生命也是我所想要的,道义也是我所想要的,如果这两种东西不能同时得到,我宁愿舍弃生命而选取道义。生命是我所喜爱的,但我所喜爱的还有胜过生命的东西,所以我不做苟且偷生的事;死亡是我所厌恶的,但我所厌恶的还有超过死亡的事,所以有的灾祸我不躲避。如果人们所喜爱的东西没有超过生命的,那么凡是能够用来求得生存的手段,有什么不可以使用呢?如果人们所厌恶的事情没有超过死亡的,那么凡是能够用来逃避灾祸的方法哪会不采用呢?采用这种做法就能够活命,可是有的人却不肯采用;采用这种办法就能够躲避灾祸,可是有的人也不肯采用。是因为有比生命更想要的,有比死亡更厌恶的。并非只是贤人有这种本性,人人都有,只是贤人能够不丧失罢了。

一碗饭、一碗汤，吃了就能活下去，不吃就会饿死。（如果）没有礼貌地吆喝着给别人吃，过路的饥民也不肯接受；（如果）用脚踢着或踩过（的饭）给别人吃，乞丐也不愿意接受。

　　（可是有的人）见了优厚的俸禄却不分辨是否合乎礼仪就接受了。这样，优厚的俸禄对我有什么好处呢？是为了住宅的华丽、妻妾的侍奉和熟识的穷人感激我吗？先前有的人宁肯死也不愿接受，现在有的人为了住宅的华丽却接受了；先前有的人宁肯死也不愿接受，现在有的人为了妻妾的侍奉却接受了；先前有的人宁肯死也不愿接受，现在有的人为了所认识的贫穷的人感激自己却接受了。这样看来这种做法不是也应该停止了吗？这就叫作丧失了人的本心。

荀子·荣辱（节选）

　　荣辱之大分，安危利害之常体：先义①而后利者荣，先利而后义者辱；荣者常通，辱者常穷；通者常制人，穷者常制于人；是荣辱之大分也。材悫②者常安利，荡悍者常危害；安利者常乐易，危害者常忧险，乐易者常寿长，忧险者常夭折；是安危利害之常体也。

【导读】

　　"义"即"真、美、善"，值得人用一生去追求。利益自己，自立自强为"美"；利益他人，成人之美为"善"；真、美、善合而称之为"义"。由此可知，义中包含着利，不是有义无利，也不是有利无义。义、利不但不对立，反而"义"能保证实实在在的"利"——自利、利他。

---

① "义"的繁体字为"義"，由"羊"和"我"组成。羊为美善，我为真实；真美善合，称之为义。
② 材悫：本性诚实，谨慎；厚道，朴实。悫，音què，意思是诚实，谨慎。

战国时期思想家荀子在本文中对义和利、荣和辱辩证关系的论述,对我们今天不是仍有很大的启发意义吗?

译 文

光荣和耻辱的主要区别、安危利害通常表现为:先考虑道义而后考虑利益的就会得到荣耀,先考虑利益而后考虑道义的就会遭到羞辱;有荣光的人时常通达和顺,遭到羞辱的人时常穷困顿滞;通达者常常管束他人,穷顿者常常被人管束。这就是光荣和耻辱的根本区别呀!有才能而又谨慎的人常常安泰顺遂,放荡凶悍的人常常忧患多灾;安泰顺遂的人常常快乐舒坦,忧患多灾的人常常忧愁而有危机感;快乐舒坦的人常常长寿,忧愁而有危机感的人常常夭折,这就是安危利害的一般情况。

▲山东兰陵县荀子墓

战国策·冯谖客孟尝君

齐人有冯谖①者,贫乏不能自存②,使人属③孟尝君,愿寄食门下④。孟尝君⑤曰:"客⑥何好?"曰:"客无好也。"曰:"客何能?"曰:"客无能也。"孟尝君笑而受之,曰:"诺⑦。"左右以⑧君贱⑨之也,食以草具⑩。居有顷⑪,倚柱弹⑫其剑,歌曰:"长铗⑬归来乎⑭!食无鱼。"左右以告。孟尝君曰:"食之,比门下之客。"居有顷,复弹其铗,歌曰:"长铗归来乎!出无车。"左右皆笑之,以告。孟尝君曰:"为之驾⑮,比门下之车客。"于是,乘其车,揭⑯其剑,过⑰其友曰:"孟尝君客我⑱。"后有顷,复弹其剑铗,歌曰:"长铗归来乎!无以为家⑲。"左

---

① 冯谖:齐国游说之士。谖,一作"煖",《史记》又作"驩",音皆同。
② 存:生存,生活。
③ 属:通"嘱",嘱咐。
④ 寄食门下:在孟尝君门下做食客。
⑤ 孟尝君:齐国贵族,姓田名文。其父田婴在齐宣王时为相,并受封于薛,故本篇中有"寡人不敢以先王之臣为臣"之说。田婴死后,田文袭封地,封号为孟尝君。孟尝君好养士,据说有门客三千,成为因养士而著称的"战国四公子"之一。
⑥ 客,做门客。
⑦ 诺:答应声,表示同意。
⑧ 以:因为。
⑨ 贱:轻视,看不起。
⑩ 食:通"饲",拿东西给人吃。草具:粗劣的饭菜。
⑪ 居有顷:过了一段时间。
⑫ 弹:敲打。
⑬ 长铗:长剑。
⑭ 归来:离开,回来。乎,语气词。比:和……一样,等同于。
⑮ 为之驾:为他配车。
⑯ 揭:举。
⑰ 过:拜访。
⑱ 客我:待我以客,厚待我,即把我当上等门客看待。
⑲ 无以为家:没有能力养家。

右皆恶①之，以为贪而不知足。孟尝君问："冯公有亲乎？"对曰："有老母。"孟尝君使人给②其食用，无使乏。于是，冯谖不复歌。后孟尝君出记③，问门下诸客："谁习④计会⑤，能为文收责⑥于薛者乎？"冯谖署⑦曰："能。"孟尝君怪之，曰："此谁也？"左右曰："乃歌夫'长铗归来'者也。"孟尝君笑曰："客果有能也，吾负⑧之，未尝见也。"请而见之，谢⑨曰："文倦于事⑩，愦于忧⑪，而性懧愚⑫，沉于⑬国家之事，开罪⑭于先生。先生不羞⑮，乃有意欲为收责于薛乎？"冯谖曰："愿之。"于是，约车治装⑯，载券契⑰而行。辞曰："责毕收，以何市⑱而反⑲？"孟尝君曰："视吾家所寡有⑳者。"驱㉑而之㉒薛，使吏召诸民当

---

① 恶：讨厌。
② 给：供给。
③ 出记：出了一个文告。记，文告，古代一种公文文种。
④ 习：熟悉。
⑤ 计会：会计。
⑥ 责：同"债"。
⑦ 署：署名，签名。
⑧ 负：辜负，对不住。
⑨ 谢：道歉。
⑩ 倦于事：忙于事务，疲劳不堪。
⑪ 愦于忧：忧愁思虑太多，心思烦乱。
⑫ 懧愚：懦弱无能。懧，音 nuò，同"懦"。
⑬ 沉：沉浸，埋头于。
⑭ 开罪：得罪。
⑮ 不羞：不以此为羞。
⑯ 约车治装：准备车马、整理行装。
⑰ 券契：债契。债务关系人双方各持一半为凭。古时契约写在竹简或木简上，分两半，验证时，合起来查对，故后有"合券"之说。
⑱ 市：买。
⑲ 反：同"返"，返回。
⑳ 寡有：少有，缺少。
㉑ 驱：赶着（车）。
㉒ 之，往。

偿者①，悉来合券②。券遍合，起，矫命③以责赐诸民，因烧其券，民称万岁。

长驱到齐，晨而求见④。孟尝君怪其疾⑤也，衣冠而见之，曰："责毕收乎？来何疾也！"曰："收毕矣。""以何市而反？"冯谖曰："君云'视吾家所寡有者'。臣窃计，君宫中积珍宝，狗马实外厩，美人充下陈⑥。君家所寡有者以义耳！窃以为君市义。"孟尝君曰："市义奈何？"曰："今君有区区⑦之薛，不拊爱⑧子其民⑨，因而贾⑩利之。臣窃矫君命，以责赐诸民，因烧其券，民称万岁。乃臣所以为君市义也。"孟尝君不说⑪，曰："诺，先生休矣⑫！"

后期年⑬，齐王⑭谓孟尝君曰："寡人不敢以先王之臣为臣。"孟尝君就国⑮于薛。未至百里，民扶老携幼，迎君道中。孟尝君顾⑯谓冯谖："先生所为文市义者，乃今日见之。"冯谖曰："狡兔有三窟，仅得免其死耳。今君有一窟，未得高枕而卧也。请为君复凿二窟。"孟尝君予车五十

---

① 当偿者：应当还债的人。
② 合券：验合债券。古代契约分为两半，立约双方各执其一。
③ 矫命：假托（孟尝君）命令。
④ 晨而求见：在早晨就要求谒见。
⑤ 疾：迅速。
⑥ 下陈：堂下，后室。
⑦ 区区：少，小。
⑧ 拊爱：抚慰爱护。拊，同"抚"，抚育，抚慰。
⑨ 子其民：视民如子。
⑩ 贾：做买卖。贾利之，做买卖获利。
⑪ 说：通"悦"。
⑫ 休矣：算了吧。
⑬ 后期年：一周年之后。期年，整整一年。
⑭ 齐王：齐湣王。
⑮ 就国：回自己的封地。国，指孟尝君的封地薛。
⑯ 顾：回顾，旁顾。

乘①，金五百斤，西游于梁②，谓惠王③曰："齐放④其大臣孟尝君于诸侯，诸侯先迎之者富而兵强。"于是，梁王虚上位⑤，以故相为上将军；遣使者，黄金千斤、车百乘，往聘孟尝君。冯谖先驱⑥，诫孟尝君曰："千金，重币⑦也；百乘，显使⑧也。齐其闻之矣。"梁使三反⑨，孟尝君固辞⑩不往也。

齐王闻之，君臣恐惧，遣太傅赍⑪黄金千斤，文车⑫二驷⑬，服剑⑭一，封书⑮谢孟尝君曰："寡人不祥⑯，被于宗庙之祟⑰，沉于谄谀之臣⑱，开罪于君，寡人不足为⑲也，愿君顾⑳先王之宗庙，姑㉑反国统万人㉒乎！"冯谖诫孟尝君曰："愿请先王之祭器，立宗庙于薛。"庙成，还报孟尝君曰："三窟已就，君姑高枕为乐矣。"孟尝君为相数十年，无纤介㉓之祸者，冯谖之计也。

---

① 乘：音 shèng，古代四马拉一车为一乘，亦可泛指车。
② 梁：大梁，魏的国都。
③ 惠王：梁惠王。
④ 放：放逐。
⑤ 虚上位：把上位（宰相之位）空出来。
⑥ 先驱：驱车在前。
⑦ 重币：贵重的财物礼品。
⑧ 显使：地位显要的使臣。
⑨ 三反：多次往返。反，同"返"。
⑩ 固辞：坚决辞谢。
⑪ 赍：音 jī，带着，携带。
⑫ 文车：文饰华美的车辆。
⑬ 驷：四马驾的车。
⑭ 服剑：佩剑。
⑮ 封书：写信，古代书信用封泥加印，故曰封书。
⑯ 不祥：祥通"详"。不详即失察，意为糊涂。一说不善，没有福气。
⑰ 被于宗庙之祟：遭受祖宗神灵降下的灾祸。被，通"披"，遭受。
⑱ 沉于谄谀之臣：被阿谀奉承的奸臣所迷惑。
⑲ 不足为：不值得看重并辅助。
⑳ 顾：顾念。
㉑ 姑：姑且。
㉒ 万人，指全国百姓。
㉓ 纤介：介同"芥"，纤丝与草籽，比喻极微小。

【导读】

冯谖具有非凡的才智，他抱着"姜太公钓鱼，愿者上钩"的心态，等待着一个能礼贤下士、匡国济时的君主出现。当他发现孟尝君就是这样的人物时，便毅然决然地为其谋划献策。

冯谖做的第一件事是"千金买义"，即用重金购买"仁义"。这在常人看来是愚蠢的、荒诞的事，冯谖却发现了其中巨大的无形价值。他矫命焚券，为君市义，买回了最为稀缺的"人心"。这种以牺牲眼前暂时的利益来换取长远更大的利益的做法，表明冯谖是最有头脑、最有远见的人。他是那个时代造就出来的风云人物。

"狡兔三窟"是冯谖为孟尝君做的又一件"蠢事"。造窟的过程十分有趣，冯谖深谙人性的奥妙，他左右造势、游说魏王，虚席等待。这样就把孟尝君的声望提到了空前的高度，引发了齐王的震惊，于是齐王重新礼聘孟尝君执掌政务，遂使君臣关系和好如初。冯谖三窟计成。

文中矫命焚券、市义复命是最为动人的情节。这反映了春秋战国时期士人的民本思想和忠诚的义气，而这种思想和忠心一直流传至今，成为知识分子深入骨髓的一种美德。

译　文

齐国有个名叫冯谖的人，家境贫困，难以养活自己，托人请求孟尝君，愿意投靠门下当食客。孟尝君问："先生有什么爱好吗？"冯谖说："没有。"孟尝君又问："先生有什么长能吗？"他说："也没有。"孟尝君笑了笑，接纳了他："好的。"孟尝君身边的人因为主人不太在意冯谖，就拿粗茶淡饭给他吃。住了不久，冯谖就背靠柱子，弹剑而歌："长剑呀，咱们回去吧，吃饭没有鱼。"左右的人把这件事告诉孟尝君。孟尝君吩咐说："给他一般门客的待遇，让他吃鱼吧。"住了不久，冯谖又弹着他的剑，唱道："长剑呀，我们还是回去吧，出门没有车坐。"孟尝君说："替他配上车，给他车客

的待遇。"于是冯谖驾车带剑,向他的朋友夸耀:"孟尝君尊我为上客。"这样过了一段日子,冯谖复弹其剑,唱道:"长剑呀,咱们回去吧,没有什么可以用来养家。"左右的人都厌恶他,认为他贪得无厌。孟尝君问道:"冯先生有父母吗?"左右的人答道:"有个老母。"孟尝君便派人供应他家的吃用,不使他母亲穷困,而冯谖从此不再唱歌了。

后来,孟尝君出了一通告示,问门下食客:"请问哪一位通晓账务会计,能替我到薛地收债呢?"冯谖署上名字说:"我能。"孟尝君看了很诧异,向左右随从问道:"这是谁呀?"人们答道:"就是那个唱'长剑呀,我们回去吧'的人。"孟尝君笑道:"他果然有才能,我真对不起他,还未曾见过面呢。"于是请他来相见,道歉说:"我每日为琐事所烦,心身俱累,被忧愁弄得神昏意乱,而且生来懦弱笨拙,只因政务缠身,而怠慢了先生。好在先生不怪我,先生愿意替我到薛地收债吗?"冯谖说:"愿效微劳。"于是孟尝君替他备好车马行装,让他载着债券契约出发。辞别时,冯谖问:"收完债后,买些什么回来?"孟尝君回答:"先生看着办,买点我家缺少的东西吧。"

冯谖赶着马车到薛地,派官吏把该还债的百姓都叫来核对债券,全部核对之后,冯谖站了起来,假托孟尝君的名义把这些债款全部免掉,并烧掉了那些券契文书,百姓感激得欢呼万岁。

冯谖又马不停蹄地返回齐国都城临淄,一大早求见孟尝君,孟尝君很奇怪他回来得这么快,穿好衣服接见他说:"收完债了吗?何以回来得这般快?"冯谖答道:"都收完了。""先生替我买了些什么回来?"冯谖说:"殿下曾言'买些家中缺乏的东西',臣暗想,殿下家中珠宝堆积,犬马满厩,美女成行。殿下家中所缺少的,唯有仁义了,因此臣自作主张为殿下买了仁义回来。"孟尝君说:"你怎么买仁义的?"冯谖答道:"殿下封地只有小小薛地,不但不好好体恤薛地子民,反而像商人一样在他们身上榨取利益。臣为君谋划,私自假传殿下的命令,将所有的债款都免掉了,并焚毁券契,百姓莫不欢呼万岁,这就是臣替殿下买的仁义呀!"孟尝君很不高兴,说:"我知道了,先生退下休息吧。"

一年以后,齐王对孟尝君说:"寡人不敢把先王的旧臣当作自己的大臣。"孟尝君不得以只好回自己的封地薛,还差百里未到时,当地百姓扶老携幼,在路旁迎接孟尝君。孟尝君回头对冯谖说:"先生为我买的'义',今天方才看到。"冯谖对孟尝君接着进言说:"狡兔三窟,才得以免死。如今殿下只有一洞穴,尚未能得以高枕无忧,臣愿替殿下再凿两穴。"孟尝君便给他五十辆车、五百金去游说魏国。冯谖西入大梁,对惠王说:"齐国放逐了大臣孟尝君,诸侯谁先得到他,谁就能富国强兵。"于是魏王空出相位,让原来的相国做上将军,派出使节,以千斤黄金、百乘马车去请孟尝君。冯谖先赶回薛地对孟尝君说:"千斤黄金是极贵重的礼,百乘马车是极隆重的礼节,咱们齐国该知道这件事了。"魏国使者接连跑了多趟,可孟尝君坚决推辞不就。

齐王听到这个消息,君臣震恐,连忙派遣太傅带着千斤黄金,两辆四马花车及宝剑一把,外附书信一封向孟尝君道歉说:"都是寡人不好,遭受祖宗降下的灾祸,听信谗言,得罪了先生。寡人无德,虽不足值得辅佐,但请先生顾念先王宗庙,暂且回国辅佐寡人治理国家。"冯谖劝孟尝君说:"希望殿下求得祭祀先王的礼器,在薛地立宗庙。"宗庙落成,冯谖回报说:"三窟已就,殿下可高枕无忧、安享快乐了。"

孟尝君为相数十年,没有丝毫的祸患,靠的正是冯谖的谋划啊!

史记·赵世家(节选)

晋景公之三年,大夫屠岸贾欲诛赵氏。初,赵盾在时,梦见叔带持要而哭①,甚悲;已而笑,拊手且歌②。盾卜之,兆绝而后好③。赵史援占

---

① 要:同"腰"。
② 拊:音 fǔ,拍。
③ 兆:古人占卜,先在龟甲或兽骨上钻孔,然后烧灼出裂纹以判断吉凶,这种裂纹称为"兆"。

之①，曰："此梦甚恶，非君之身，乃君之子，然亦君之咎。至孙，赵将世益衰。"屠岸贾者，始有宠于灵公，及至于景公而贾为司寇，将作难②，乃治灵公之贼以致赵盾③，遍告诸将曰："盾虽不知，犹为贼首。以臣弑君，子孙在朝，何以惩罪？请诛之。"韩厥曰："灵公遇贼，赵盾在外，吾先君以为无罪，故不诛。今诸君将诛其后，是非先君之意而今妄诛。妄诛谓之乱。臣有大事而君不闻，是无君也。"屠岸贾不听。韩厥告赵朔趣亡④。朔不肯，曰："子必不绝赵祀，朔死不恨。"韩厥许诺，称疾不出。贾不请而擅与诸将攻赵氏于下宫⑤，杀赵朔、赵同、赵括、赵婴齐，皆灭其族。

赵朔妻，成公姊，有遗腹，走公宫匿。赵朔客曰公孙杵臼，杵臼谓朔友人程婴曰："胡不死？"程婴曰："朔之妇有遗腹，若幸而男，吾奉之；即女也，吾徐死耳。"居无何，而朔妇免身⑥，生男，屠岸贾闻之，索于宫中。夫人置儿绔中⑦，祝⑧曰："赵宗灭乎，若号；即不灭，若无声。"及索，儿竟无声。已脱，程婴谓公孙杵臼曰："今一索不得，后必且复索之，奈何？"公孙杵臼曰："立孤与死孰难？"程婴曰："死易，立孤难耳。"公孙杵臼曰："赵氏先君遇子厚，子强为其难者，吾为其易者，请先死。"乃二人谋取他人婴儿负之，衣以文葆⑨，匿山中。程婴出，谬谓诸将军曰："婴不肖，不能立赵孤。谁能与我千金，吾告赵氏孤处。"诸将皆喜，许之，发师随程婴攻公孙杵臼。杵臼谬曰："小人哉程婴！昔下宫之难不能死，与我谋匿赵氏孤儿，今又卖我。纵不能立，而忍

---

① 赵史援占之：赵国一位叫援的史官判断。
② 作难：发难，起事。
③ 致：涉及，牵连。
④ 趣：通"促"，急速，赶快。
⑤ 下宫：祖庙，后宫。
⑥ 免身：分娩，生育。
⑦ 绔：音 kù，同"裤"。
⑧ 祝：祷告。
⑨ 文葆：绣花的襁褓。文，同"纹"；葆，通"褓"。

卖之乎！"抱儿呼曰："天乎天乎！赵氏孤儿何罪？请活之，独杀杵臼可也。"诸将不许，遂杀杵臼与孤儿。诸将以为赵氏孤儿良已死①，皆喜。然赵氏真孤乃反在，程婴卒与俱匿山中。

居十五年，晋景公疾，卜之，大业之后不遂者为祟②。景公问韩厥，厥知赵孤在，乃曰："大业之后在晋绝祀者，其赵氏乎？夫自中衍者皆嬴姓也。中衍人面鸟噣③，降佐殷帝大戊，及周天子，皆有明德。下及幽厉无道，而叔带去周适晋，事先君文侯，至于成公，世有立功，未尝绝祀。今吾君独灭赵宗，国人哀之，故见龟策④。唯君图之。"景公问："赵尚有后子孙乎？"韩厥具以实告。于是景公乃至韩厥谋立赵孤儿，召而匿之宫中。诸将入问疾，景公因韩厥之众以胁诸将而见赵孤⑤。赵孤名曰武。诸将不得已，乃曰："昔下宫之难，屠岸贾为之，矫以君命⑥，并命群臣。非然，孰敢作难！微君之疾⑦，群臣固且请立赵后。今君有命，群臣之愿也。"于是召赵武、程婴遍拜诸将，遂反与程婴、赵武攻屠岸贾，灭其族。复与赵武田邑如故。

及赵武冠⑧，为成人，程婴乃辞诸大夫，谓赵武曰："昔下宫之难，皆能死。我非不能死，我思立赵氏之后。今赵武既立，为成人，复故位，我将下报赵宣孟与公孙杵臼。"赵武啼泣顿首固请，曰："武愿苦筋骨以报子至死，而子忍去我死乎！"程婴曰："不可。彼以我为能成事，故先我死；今我不报，是以我事为不成。"遂自杀。赵武服齐衰三年⑨，为之祭邑，春秋祠之，世世勿绝。

---

① 良：确实。
② 大业：赵氏的先祖，《史记》卷五《秦本纪》云，大业即皋陶。
③ 噣：音 zhòu，鸟嘴。赵氏始祖以鸟为图腾，所以传说祖先人面鸟嘴。
④ 龟策：龟指占卜用的龟甲；策指另一种占卜方法所用的蓍（shī）草。
⑤ 因：凭借，依靠。
⑥ 矫：假托，诈称。
⑦ 微：无，没有。
⑧ 冠：古代男子二十岁行成人礼，束发戴帽。
⑨ 齐衰：亦作"齐缞"（zī cuī），古丧服的一种。

【导读】

赵氏孤儿的故事,在我国流传甚广。最早记述这一故事的是《史记·赵世家》。司马迁通过这个故事歌颂了正义,鞭答了邪恶,并揭示了正义终将战胜邪恶的真理。故事情节曲折,惊心动魄;人物形象鲜明,栩栩如生。程婴的忍辱负重,公孙杵臼的慷慨牺牲,屠岸贾的奸邪残暴,其形象无不跃然纸上。

故事中洋溢着的感天动地的情谊,义薄云天的忠诚,千百年来为人们所称道。它的主人公成了"义"的化身,成了知恩图报的英雄。人们从中找到了坚韧、忠义、韬略和勇气,心灵得到一遍又一遍的洗礼。故事曾被改编为戏剧和电影,加速了在民间的流传。

但是,历史上是否发生过如此巧合的故事,史学界却有不同的看法。一种观点认为,故事虽然出自《史记》,但并非是信史;另一种观点认为,以传闻为史实固然不合史法,但从文学角度而言,恰是很好的创作。

译 文

晋景公三年(公元前597年),大夫屠岸贾想要诛杀赵氏全族。当初,赵盾活着的时候,曾梦到叔带扶着他的腰痛哭,极为悲伤;过了一会儿又大笑,

▲司马迁祠

还拍手歌唱。赵盾为这个梦进行占卜,龟甲上出现了先断绝而后又完好的征兆。赵氏的史官援查看了占卜的结果,说:"这个梦非常不吉利,并非应验到你的身上,而是应验到你儿子身上,但也是源于你的过错,等到你的孙子时,赵氏家族将越来越衰弱。"屠岸贾,起初受到晋灵公的宠信,等到晋景公时担任司寇,将要发难,想要惩治杀害灵公的凶手,而牵涉到赵盾。他逐一告诉将领说:"赵盾虽然不知情,依然是罪魁祸首。身为人臣却杀害国君,他的子孙却依然在朝廷上做官,这怎么能再惩治别的罪犯呢?请大家诛杀赵氏。"韩厥说:"灵公遇害时,赵盾身在外地,我们的先君认为他没有罪,因此没有诛杀他。现在大家将要诛杀他的后代,这并非先君的本意,现在妄自诛杀,就是作乱。臣子做大事而不告知国君,便是无视国君。"屠岸贾没有听从。韩厥告知赵朔,让他尽快逃走,赵朔不肯,说:"您一定不要让赵氏的祭祀断绝,我就死而无憾了。"韩厥答应了他,称病不出。屠岸贾没有请示国君就擅自与诸位将领在下宫攻打赵氏,杀了赵朔、赵同、赵括、赵婴齐,并杀光了他们的家族。

赵朔的妻子是晋成公的姐姐,怀了赵朔的遗腹子,逃进晋景公的宫殿躲了起来。赵朔有位门客名叫公孙杵臼,公孙杵臼对赵朔的朋友程婴说:"你为什么不为赵氏赴难而死?"程婴说:"赵朔的妻子身怀遗腹子,假如侥幸生下一个男孩,我就会侍奉他;假如是女孩,我再死也不晚。"过了不久,赵朔的妻子生产,生下一个男孩。屠岸贾听说后,就立刻前往宫里索要。赵朔的夫人将婴儿藏在裤子中,祈祷说:"如果赵氏宗族应当断绝,你就啼哭;如果不该断绝,你就不要出声。"等到搜查时,婴儿竟然没有发出声音。脱险后,程婴对公孙杵臼说:"如今这一次没有找到,以后必定会再来搜查,如何是好?"公孙杵臼说:"扶立孤儿与赴死哪个更困难?"程婴说:"赴死容易,扶立孤儿困难。"公孙杵臼说:"赵氏先君待你相当优厚,你就勉强承担困难的事吧,我来做容易的事,请让我先赴死。"于是,二人想办法弄来别人的孩子背着,裹上绣花褓褓,藏于山中。程婴走出来,对众将谎称:"我程婴无能,没有能力扶立赵氏孤儿。谁能给我千金,我就告诉他赵氏孤儿的下落。"众将非

常高兴，答应了他，出兵跟着程婴攻打公孙杵臼。公孙杵臼假意说："程婴小人啊！过去在下宫遇到变故，你没有寻死，和我共同谋划藏匿赵氏孤儿，如今又出卖了我。纵然不能与我一起扶立他，又如何忍心出卖他呢！"怀抱婴儿大叫道："天啊天啊，赵氏孤儿有何罪过啊？请让他活下来，只杀掉我公孙杵臼就可以了。"诸将不答应，杀了公孙杵臼与孤儿。众将认为赵氏孤儿确实已经死了，都非常高兴，但是真正的赵氏孤儿却仍然活着，程婴最后与他一起隐藏在山里。

过了十五年，晋景公患病，进行占卜，发现大业的后裔由于祭祀断绝而作祟。景公询问韩厥，韩厥清楚赵氏孤儿还活着，就说："大业的后裔在晋国断绝祭祀的，说的就是赵氏吧？从中衍传下来的子孙都姓嬴，中衍人面鸟嘴，降临到人世来辅佐殷代的太戊帝，其子孙到周天子时，均有盛德。直至周厉王、周幽王无道，叔带才离开周前往晋国，为先君文侯做事，直到成公，世代立有功勋，从来没有断绝过祭祀。现在我君杀尽了赵氏宗族，国内的百姓都怜悯他，因此显现在龟策上。希望国君能够考虑此事。"晋景公问道："赵氏如今还有后裔子孙吗？"韩厥就将这件事的实情全盘告诉了景公。于是景公就与韩厥谋划扶立赵氏孤儿，先把他召来藏在宫中。众将进宫探问景公病情，景公利用韩厥的手下，逼迫众将与赵氏孤儿见面。赵氏孤儿名叫赵武，众将迫于无奈，就说："从前的下宫事变，是屠岸贾主使的，他假传国君的号令，命令群臣。如果不是这样，谁敢作乱！就算国君没有生病，我们原本也要扶立赵氏的后人。如今国君下了命令，这也是我们的愿望。"于是晋景公召集赵武、程婴出来逐一拜见诸将，众将于是反过来与程婴、赵武共同攻打屠岸贾，灭了他的家族。晋景公重新将原属赵氏的封地赐予赵武。

等到赵武行了冠礼，成为成年人后，程婴就与诸位大夫辞别，对赵武说："从前下宫之难时，大家都能够为主殉难，我并不是不能死，而是想扶立赵氏的后人，现在赵武已经复立，长大成人，恢复了过去的地位，我将到黄泉下去告诉赵宣孟和公孙杵臼"。赵武哭泣着叩拜，坚决请求说："我愿意让自己的筋骨受苦来报答您直到死，但您忍心离开我而死去吗？"程婴说："不可以。

公孙杵臼觉得我可以成就大事，所以先我而死；如今我不去告知他，他会觉得我还没有办成这件事。"于是便自杀了。赵武为他守孝三年，并为他设立了祭祀用地，春秋两季进行祭祀，世代相传不曾断绝。

汉书·云敞传

云敞，字幼孺，平陵人也，师事同县吴章，章治①《尚书经》为博士，平帝以中山王即帝位，年幼，莽秉②政，自号安汉公。以平帝为成帝后③，不得顾私亲④，帝母及外家卫氏皆留中山，不得至京师，莽长子宇⑤，非⑥莽鬲绝⑦卫氏，恐帝长大后见怨，宇与吴章谋，夜以血涂莽门，若鬼神之戒⑧，冀以惧莽⑨。章欲因对其咎⑩。事发觉，莽杀宇，诛灭卫氏，谋所联及⑪，死者百余人，章坐要斩，磔尸东市门。初⑫，章为当世名儒，教授尤盛，弟子千余人，莽以为恶人党，皆当禁锢，不得仕宦。门人尽更名他师⑬。敞时为大司徒掾，自劾⑭吴章子弟，收抱章尸归，棺敛葬

---

① 治：研究。
② 秉：把持。
③ 后：后嗣。
④ 顾：照顾。私亲：自己的亲人。
⑤ 宇：王莽的长子名叫王宇。
⑥ 非：责备。
⑦ 鬲绝：隔绝。
⑧ 若鬼神之戒：伪装成鬼神警告的样子。
⑨ 冀：企图。
⑩ 因对其咎：乘机在对策时指出王莽的过失。
⑪ 谋所联及：参与谋议的人受到了连坐。
⑫ 初：当初。
⑬ 门人尽更名他师：吴章的门徒全都另拜他人为师，讳言自己是吴章的弟子。
⑭ 自劾：指封建王朝臣子给皇帝上书自己弹劾自己，揭发检举自己的过失。

之，京师称焉。车骑将军王舜高其志节①，比之栾布②，表奏以为掾③，今为中郎谏大夫。莽篡位，王舜为太师，后荐敞可辅职。以病免④，唐林言敞可典郡，擢为鲁郡大尹。更始时，安车征敞为御史大夫，复病免去，卒于家。

赞曰：昔仲尼称不得中行⑤，则思狂狷⑥，观杨王孙之志，贤于秦始皇远矣。世称⑦朱云多过其实，故曰，"盖有不知而作之者，我亡是也⑧"。胡建临敌敢断，武昭于外，斩伐奸隙，军旅不队。梅福之辞，合于《大雅》，虽无老成，尚有典刑，殷监不远，夏后所闻，遂从所好，全性市门。云敞之义，著于吴章，为仁由己，再入大府，清则濯缨，何远之有？

【导读】

《汉书·云敞传》主要讲述的是云敞葬师的故事。文中塑造了两个可歌可泣的人物：一个是吴章，身为儒林领袖，面临王莽篡政前的重大变故，敢于挺身而出，伸张正义，并为此付出生命的代价，被腰斩于市；另一个是弟子云敞，在吴章被斩、众弟子远嫌避祸的险恶形势下，不怕株连，恪守情谊，为自己老师收尸葬尸，义薄云天，并在情势变好之后，辞官不受，避隐于家。

吴章威武不屈，坦然就义，成为英雄之典范；云敞不怕险恶，事师葬师，成为忠义之典范。有一首古老的歌谣这样写道："沧浪之水清兮，可以濯我缨；沧浪之水浊兮，可以濯我足。"这正是说，政治清明之时，读书人可以振缨而仕；到了乱世，则可以抗足而去。孔子曰："三军可夺帅也，匹夫不可

---

① 高其志节：钦佩他的志气节操。
② 比之栾布：将他比为栾布。栾布：西汉政治家。因为彭越收尸、据理力争而被汉高祖看重。
③ 表奏以为掾：上表奏请皇帝批准让云敞作自己的属吏。掾，音 yuàn，原为佐助的意思，后为副官佐或官署属员的通称。
④ 以病免：称病免官。
⑤ 中行：中庸之道。
⑥ 则思狂狷：就思谋进取而有所不为。
⑦ 世称：世人称颂。
⑧ 盖有不知而作之者，我亡是也：大概有不知道情况而随便述作的人，我孔子没有这种行为。

夺志也。"读书人坚勇的志节,往往正是在危难关头,表现得尤为壮烈。

吴章、云敞坚韧不屈,重道守节,可歌可泣,可叹可敬,值得天下读书人效仿。

译 文

云敞,字幼孺,平陵人。拜同县吴章为老师,吴章研究《尚书经》,为博士,平帝以中山王继承皇帝位,年纪幼小,王莽把持朝政,自号安汉公,以平帝作为成帝的后嗣,不让平帝照顾自己的亲人,他母亲及外祖父母家、舅家卫氏都留在中山国,不准来到京师长安。王莽的长子王宇,责备王莽隔绝卫氏,担心平帝长大后怨恨。王宇和吴章密谋,深夜把血涂在王莽的府门上,伪装成鬼神警告的样子,企图以此使王莽惊惧,吴章打算趁机在对策时指出王莽的过失。事情被发现后,王莽杀死儿子王宇,诛了卫氏,参与谋议的人都受到了连坐,被处死了一百多人。吴章被处以腰斩,在东市门被分尸。当初,吴章为当世名儒,教授的学生特别多,弟子多达千余人,王莽把他们看作恶人集团,都定罪禁锢,不准做官。于是,吴章的门徒全部另拜他人为师,讳言自己是吴章的弟子。云敞当时任大司徒属吏,承认自己是吴章的弟子,收抱吴章的尸体而归,置办棺材入殓安葬,京师中的人都称赞他,车骑将军王舜钦佩他的志气节操,将他比作栾布,上表奏请皇上批准让云敞作为自己的属吏,后又荐举他为中郎谏大夫。王莽篡位后,王舜任太师,又举荐云敞可以担任辅弼官职。云敞称病不就。唐林说云敞可以主管一个郡的政事,王莽提拔他为鲁郡大尹。更始时,朝廷用安车征召云敞任御史大夫,云敞又称病不就,后来死在家中。

赞曰:从前孔子说如果不能得遇中庸之人和他论道,就思谋进取而有所不为。观察杨王孙的志向,远远胜过秦始皇,世人称颂朱云多言过其实,正像孔子所说的:"大概有不知道情况而随便述作的人,我不是这样的人"。胡建临敌敢于决断,勇武显明于外,斩杀奸邪,使军队不懈怠。梅福的言辞,合乎

《诗经·大雅·荡》的诗意,如今虽然没有那种人,但还有原来的法典可以查考使用,殷代的借鉴并不远,夏桀的败亡记可以听到。于是能按照自己的主张,保全性情于市门之卒的位置。云敞的节义可从收殓吴章显现出来,自己去做仁义之事,初为大司徒掾,后又为车骑将军掾,水清时可以洗帽缨,对于云敞来说,达到这个境界还能说远吗?

笃实宽厚

中国是一个农业生产大国,长期的农耕生产,促使中华民族形成了质朴的品格和务实的精神。中国传统文化中对笃实宽厚(或笃实敦厚)有浓墨重彩的表述。

笃实,即忠诚老实。它要求人们为人处世要尊重客观事实,襟怀坦白,言行一致,表里如一。孔子说"巧言令色,鲜矣仁",君子要"讷于言而敏于行""耻其言而过其行",这里强调了"说不如做,行胜于言"的行为准则。在长期的实践中,中华民族产生许多以"实"为价值标准的规矩和美德,如老实、诚实、求实、踏实、实在等,形成崇尚实干、反对空谈的务实精神。

宽厚,即宅心仁厚,也就是在待人接物上,严于律己,宽以待人,设身处地替他人考虑,"将心比心"或"以心换心"。《管子·形势篇》中说:"人主者,温良宽厚民爱之。"在生活中,通过宽厚的道德人格来打动别人,可以达到沟通的目的。日常生活中的宽容大度、宽宏大量、老实忠厚、宽厚仁慈等道德评价,都是中华民族宽厚品德的体现。

笃实宽厚乃我中华之美德,人性之根本。"欲木之长者,必固其根本;欲流之远者,必浚其水源"。在当代精神文明建设中,我们提倡笃实宽厚的品德,就是固本清源,净化风气,从根本上解决做什么样的人和成为什么样的人的问题。

老子·道德经（第八十一章）

信言①不美，美言不信。善者②不辩③，辩者不善。知者不博④，博者不知。圣人不积⑤，既以为人，己愈有⑥；既以与人，己愈多⑦。天之道，利而不害⑧；圣人之道⑨，为而不争。

【导读】

《道德经》为老子所作，全篇81章，本章是《道德经》的最后一章，是全书的结束语。

本章一开头提出了三对概念：信与美、善与辩、知与博，这实际上是真假、美丑、善恶的问题。老子试图说明某些事物的表面和实质往往并不一致，这里面包含朴素的辩证法思想。

按照这三条原则，以"信言""善行""真知"来要求自己，做到真、善、美，实现自身的和谐，回归没有被伪诈、智巧、争斗等世俗污染之本性，就是重归于"朴"。

善良而有能力的人不需要与别人辩论，不需要用言辞证明自己。即使面对别人的诽谤和攻击，也只是用行动来予以否定。忍辱不辩的人往往是埋头做事的人；经常与人辩论的人，尽管处处表现自己有能力，其实是在掩盖自己的

---

① 信言：真实可信的话。
② 善者：言语行为善良的人。
③ 辩：巧辩，能说会道。
④ 博：广博，渊博。
⑤ 积：积蓄，储存。
⑥ 既以为人，己愈有：尽力帮助别人，自己反而更充实。
⑦ 多：与"少"相对，此处意为"丰富"。
⑧ 利而不害：使万物得到好处而不伤害万物。
⑨ 圣人之道：圣人的行为准则。

空虚。文中的这些看法，都值得我们思之、行之。

▲《道德经》崖刻

此外，《道德经》还提出"道法自然""天人合一""上善若水"等观点，以及"信言不美""美言不信"等标准，蕴含无数的哲理和机巧，是中华文化宝库中的瑰宝。

译　文

真实的表述不见得漂亮，漂亮的表述不见得真实；善良的人不见得擅长道义之辩，擅长道义之辩的人不见得善良；明于真理的人不一定博学，博学的人不一定明于真理。圣人不积累才德外观与财富附赘。他尽力帮助他人，自己也更充实；他尽量给予他人，自己也更富有。自然运动的法则是顺导万物而不妨害万物，圣人行为的准则是顺势作为而不与人争利。

明德·践行

论语·卫灵公（节选）

子曰："志士仁人，无求生以害仁，有杀身以成仁。"

子贡问为仁，子曰："工欲善其事，必先利其器。居是邦①也，事其大夫之贤者，友其士之仁者。"

子贡问曰："有一言而可以终身行之者乎？"

子曰："其'恕'乎！己所不欲，勿施于人。"

【导读】

《论语·卫灵公》包括42章，主要讲做人"务本"的道理，引导初学者进入"道德之门"。本篇节选的两段，一段讲"杀身以成仁"，一段讲"己所不欲，勿施于人"，都是孔子思想的核心内容。

先说第一段。孔子的生死观是以"仁"为最高原则的。生命对每个人来讲都是十分宝贵的，但还有比生命更宝贵的，那就是"仁"。"杀身成仁"，就是要人们在生死关头宁可舍弃自己的生命也要保全"仁"。实行仁德的方式，就是要侍奉贤者，结交仁者，要从上层做起，带动百姓效仿。

孔子的"杀身成仁"与孟子的"舍身取义"历来被视为道德的终极准则。二者互为表里，一个为"成仁"，一个为"取义"，都是为了正义事业而不顾惜自己的生命。这与贪生怕死、苟且偷生形成鲜明的对比。"大丈夫杀身成仁，视死如归，功在当代，名垂后世，有何不可而为之？"成为许多壮士、英雄出征时的铮铮誓言。读之，感人肺腑，令人动容，使人油然而生敬意。

但是，我们在提倡这种精神时，也要注入新时代的内容，就是要珍爱生

---

① 居是邦：住在这个国家。

命，不做无谓的牺牲。要以最小的牺牲，换取最大的胜利。例如在战争中，当弹尽粮绝之时选择投降，也并非是不可接受或不能被原谅的事情。因为毕竟生命是最宝贵的东西，它属于每个人，都只有一次。

▲顾恺之《烈女图》（部分）之卫灵公

再说第二段。子贡问可以终身奉行的道理，孔子以商量的口吻答道："其'恕'乎！己所不欲，勿施于人。"

"其'恕'乎"这三个字说出了"恕"的精神，就是以自己的感受来推测别人的感受，自己所不想要的，也不要施加于别人。质言之，就是提倡君子的气度和"雅量"，能够包容他人，不纳人嫌，不挟私怨；能够与人为善，广结善缘，广培福德。最终达到消除隔阂、和谐共处的目的。

后世儒学将"恕"的精神上升到"道"的高度，称之为"恕道"。恕道，像天一样广阔，庇佑万物；像地一样厚重，承载万物；像水一样润泽，滋养万物。恕道，影响中国两千多年，塑造了中国人的性格和中华民族热爱和平的形象。

宽恕、宽容、宽大，让我们继续与之同行！

译　文

孔子说："志士仁人，没有贪生怕死而损害仁的，只有牺牲自己的性命来成全仁的。"

子贡问怎样实行仁德。孔子说:"做工的人想把活儿做好,必须首先使他的工具锋利。住在这个国家,就要事奉大夫中的那些贤者,与士人中的仁者交朋友。"

子贡向孔子问道:"有没有一句话可以终身奉行的呢?"

孔子回答说:"那就是恕吧!自己不愿意的,不要强加给别人。"

抱朴子①外篇·交际(节选)

或人曰:"敢问全交之道②可得闻乎?"

抱朴子答曰:"君子交绝犹无恶言,岂肯向③所异辞乎?杀身犹以许友,岂名位之足竞乎?善交狎④而不慢,和而不同⑤,见彼有失,则正色而谏⑥之;告我以过,则速改而惮⑦。不以忤⑧彼心而不言,不以逆我耳而不纳,不以巧辨饰其非,不以华辞文⑨其失,不形同而神乖,不匿情⑩而口合,不面从而背憎⑪,不疾⑫人之胜己,护其短而引其长,隐其失而宣其

---

① 《抱朴子》,道教典籍,作者为晋代的葛洪。"抱朴"是道教术语,源于《老子》的语句"见素抱朴,少私寡欲"。《抱朴子》分内外篇,共8卷,内篇20篇论述神仙吐纳符箓勉治之术;外篇50篇论述时政得失、人事臧否。
② 全交之道:谓保全、维护交谊或友情的方法。《礼记·曲礼上》:"君子不尽人之欢,不竭人之忠,以全交也。"孔颖达疏:"若使彼罄尽,则交结之道不全,若不竭尽,交乃全也。"
③ 肯向:肯,贴附在骨上的肉,当作"背向"。
④ 狎:亲近。
⑤ 和而不同:君子在人际交往中能够与他人保持一种和谐友善的关系,但在对具体问题的看法上却不必苟同于对方。
⑥ 谏:规劝君主或尊长,使之改正错误。
⑦ 速改而惮:快速改正错误而不畏惧。惮:怕,畏惧。
⑧ 忤:不顺从,背犯,违反。
⑨ 文:文辞上的修饰,掩饰。
⑩ 匿情:隐瞒真情。
⑪ 憎:憎恨。
⑫ 疾:同"嫉",妒忌。

得,外无计数之诤^①,内遗心竞^②之累"。

【导读】

《抱朴子·外篇》主要谈论时政得失,人事臧否。此处节选了外篇中交际篇的部分内容,阐述在人际交往中如何保全、维护交谊的方法。文中以问答的方式展开论述,提出人与人的交往要讲究"诚、谦、容"等美德。绝交时没有恶言,不背后言人是非,见对方有过失则能严肃地劝谏,是为"诚";指出自己的过错,自己应迅速改正,不以诡辩掩饰,不以华辞装点,是为"谦";不嫉妒他人胜过自己,不掩饰自己的短处而张扬自己的长处,隐蔽他人的过失而宣传自己的功绩,是为"容",等等。抱朴子提出的这些方法都是实实在在的为人之道、交友之道,是"笃实宽厚"的重要内容,值得我们学习和借鉴。

译 文

有人问:"能请您给我们讲讲保全友情的方法吗?"

抱朴子回答:"君子与人断绝交情的时候没有恶言,也更不会在背后说别人的坏话。杀身犹以许友,又岂是名位可以比的?善于交往的人亲密而不轻慢,观点和而不同,见对方有过失则态度严肃地劝谏他,对方把我的过失告诉我,我就要迅速改正而不畏难。不因忤逆对方而不言,不因不顺我耳而不采纳。不用诡辩而掩饰其是非,不用华丽的辞藻讨论其过错。不因表面赞同而心中反对,不因隐瞒真情而口头迎合。不表面顺从而背地里憎恨,不嫉妒他人胜过自己。应保护他的短处而发扬他的长处,隐藏他的失败、过错,而宣扬他的长处和所得。如此,则外没有权谋算计之争,内只剩道德与智慧暗自争胜了"。

---

① 计数:计算之意。诤,通"争":争论;诤讼。
② 心竞:暗自争胜。

明德·践行

史记·管晏列传（节选）

晏平仲婴者，莱之夷维人也。事齐灵公、庄公、景公，以节俭力行重于齐①。既相齐，食不重肉②，妾不衣帛③。其在朝，君语及之④，即危言⑤；语不及之，即危行。国有道，即顺命⑥；无道，即衡命⑦。以此三世显名于诸侯。

越石父⑧贤，在缧绁⑨中。晏子出，遭之涂⑩，解左骖赎之⑪，载归。弗谢⑫，入闺⑬。久之，越石父请绝。晏子戄然⑭，摄衣冠谢⑮曰："婴虽不仁，免子于厄⑯，何子求绝之速也？"石父曰："不然。吾闻君子诎于不知己而信于知己者⑰。方吾在缧绁中，彼不知我也。夫子既已感寤而赎我⑱，是知己；知己而无礼，固不如在缧绁之中。"晏子于是延入为上客。

---

① 力行：努力工作。重：重视。
② 重肉：两味以上的肉食。
③ 衣：穿。
④ 语及之：问到他。
⑤ 危言：正直地陈述己见。危，高耸貌，引申为正直。
⑥ 顺命：服从命令。
⑦ 衡命：在斟酌命令的情况下去做事。
⑧ 越石父：人名，齐国贤人。
⑨ 缧绁：拘系犯人的绳子，引申为囚禁。
⑩ 遭之涂：在路上遇到他，涂，同"途"。遭，遇到。之，代词，指他。
⑪ 骖：古代一车三马或四马，左右两旁的马叫骖。
⑫ 谢：告辞。
⑬ 闺：内室
⑭ 戄然：惊讶的样子。戄，音jué，惊恐。
⑮ 摄：整理。
⑯ 厄：音è，灾难。
⑰ 诎：通"屈"，委屈。信：通"伸"，伸展，伸张。
⑱ 感寤：感动醒悟。寤，通"悟"。

为齐相,出,其御之妻从门间而窥其夫①。其夫为相御②,拥③大盖,策驷马,意气扬扬甚自得也。既而归,其妻请去④。夫问其故。妻曰:"晏子长不满六尺,身相齐国,名显诸侯。今者妾观其出,志念深矣⑤,常有以自下者。今子长八尺,乃为人仆御,然子之意自以为足,妾是以求去也。"其后夫自抑损⑥。晏子怪⑦而问之,御以实对。晏子荐以为大夫。

【导读】

《史记·管晏列传》是记载管仲、晏婴两位齐国名相的合传。本文节选的是晏婴之事,先写了他的的经历,然后着重描写了他知人善用、举荐人才两件事。

晏婴路遇身陷困境的越石父,用马将他赎回,到家后却又因小小不周而遭越石父斥责。晏子不仅没生气,还诚恳地检讨了自己,并向越石父道歉。一个宰相,不以恩人自居而是诚恳纳谏,这样的胸怀不能不令人敬佩。

第二件事进一步突出了晏子的形象。晏子自己很谦恭,但车夫却甚为自得,表现傲慢。后来,车夫从妻子的告诫中幡然醒悟,责己上进。晏子觉察到他的变化、了解原委后,不以出身卑微而嫌弃车夫,大胆举荐,车夫终为国所用。

综观全篇,司马迁以"相知"为线索贯穿全文,意在表现朋友之间、君臣之间、主仆之间的知遇之情,同时又含蓄地表达了自己生不逢时、知音难觅之痛。他在赞语中说"假令晏子而在,余虽为之执鞭,所忻慕焉",传出此中真意。

---

① 御:车夫。门间:门缝。窥:暗中偷看。
② 御:驾车。
③ 拥:遮,障。
④ 去:离开。此指离婚。
⑤ 志念:志向,抱负。
⑥ 抑损:谦恭、退让。抑,谦恭。损,退让。
⑦ 怪:感到奇怪。

译　文

晏平仲，名婴，是齐国莱地夷维人。他辅佐了齐灵公、庄公、景公三代国君，由于生活俭朴又努力工作，在齐国受到人们的尊重。他做了齐国宰相，吃饭不要求有很多肉，妻妾不穿丝绸衣服。在朝廷上，国君说话涉及他，他就正直地陈述自己的意见；国君的话不涉及他，就勤恳地去办事。国君能行正道，就顺从他的命令去做；不能行正道时，就斟酌着去办。因此，他在齐灵公、庄公、景公三代，名声显扬于各国诸侯。

越石父是个贤才，正在囚禁之中。晏子外出，在路上遇到他，就解开车左边的马，把他赎出来，用车拉回家。晏子没有向越石父告辞，就走进内室，过了好久没出来，越石父就请求与晏子绝交。晏子大吃一惊，整理好衣帽道歉说："我即使说不上善良宽厚，也总算帮助您从困境中解脱出来，您为什么这么快就要求绝交呢？"越石父说："不是这样的，我听说君子在不了解自己的人那里受到委屈而在了解自己的人面前受到礼待。当我在囚禁之中，那些人不了解我。你既然已经受到感动而醒悟，把我赎买出来，这就是了解我；了解我却不能以礼相待，还不如在囚禁之中"，于是晏子就请他进屋，待他为贵宾。

晏子做齐国宰相时，一次坐车外出，车夫的妻子从门缝里偷偷地看她的丈夫。她丈夫替宰相驾车，头上遮着大伞，挥动着鞭子赶着四匹马，神气十足，洋洋得意。不久回到家里，妻子就要求离婚，车夫问她离婚的原因，妻子说："晏子身高不过六尺，却做了齐的宰相，名声在各国显扬，我看他外出，志向思想都非常深沉，常有那种甘居人下的态度。现在你身高八尺，才不过做人家的车夫，看你的神态，却自以为是，因此我要和你离婚。"从此以后，车夫就谦虚恭谨起来。晏子发现了他的变化，感到很奇怪，就问他，车夫也如实相告。晏子就推荐他做了大夫。

后汉书·刘宽传

刘宽，字文饶，弘农华阴人也。父崎，顺帝时为司徒。宽尝行，有人失牛者，乃就宽车中认之。宽无所言，下驾步归。有顷①，认者得牛而送还，叩头谢曰："惭负长者②，随所刑罪。"宽曰："物有相类，事容脱误。幸劳见归，何为谢之？"州里服其不校③。

桓帝时，大将军辟④，五迁司徒长史。时京师地震，特见询问。再迁，出为东海相⑤。延熹八年，征拜尚书令，迁南阳太守。典历三郡，温仁多恕，虽在仓卒，未尝疾言遽色。常以为"齐之以刑，民免而无耻⑥"。吏人有过，但用蒲鞭罚之⑦，示辱而已，终不加苦。事有功善，推之自下。灾异或见，引躬克责。每行县止息亭传⑧，辄引学官祭酒及处士诸生执经对讲⑨。见父老慰以农里之言，少年勉以孝悌之训。人感德兴行，日有所化。

灵帝初，征拜太中大夫，侍讲华光殿⑩。迁侍中，赐衣一袭。转屯骑校尉，迁宗正，转光禄勋⑪。熹平五年⑫，代许训为太尉。灵帝颇好学

---

① 有顷：不久，一会儿。
② 惭负长者：（我）对不起您这样的长者。惭负：惭愧，辜负。
③ 校：计较。《论语·泰伯》："犯而不校"。
④ 大将军辟：辟，征辟的简称，即由帝王或长官接见并授予官职。
⑤ 东海相：东海王刘臻之相。
⑥ "齐之以刑"二句，语出《论语·为政》。意思是：使用刑罚来治理人民，人们只是暂时地免于罪过，却没有廉耻之心。
⑦ 蒲鞭：用蒲草做成的鞭子。常用以表示刑罚宽仁。
⑧ 亭传：驿站。
⑨ 处士：古时称有才德而隐居不仕的人为"处士"。
⑩ 侍讲华光殿：侍讲，给皇帝讲学。华光殿，在洛阳华林园内。
⑪ 转：迁调官职。
⑫ 熹平：汉灵帝刘宏的年号。许训：字季师。

艺①，每引见宽，常令讲经。宽尝于坐被酒睡伏②。帝问："太尉醉邪？"宽仰对曰："臣不敢醉，但任重责大，忧心如醉。"帝重其言。

宽简略嗜酒，不好盥浴③，京师以为谚。尝坐客，遣苍头市酒④，迂久⑤，大醉而还。客不堪之，骂曰："畜产。"宽须臾遣人视奴，疑必自杀。顾左右曰："此人也，骂言畜产，辱熟甚焉！故吾惧其死也。"夫人欲试宽令恚⑥，伺当朝会，装严已讫，使侍婢奉肉羹，翻污朝衣。婢遽收之，宽神色不异，乃徐言曰："羹烂汝手？"⑦其性度如此。海内称为长者。

▲刘宽像

【导读】

"恕道"是孔孟思想的核心。子贡曾问孔子：老师，"有一言可以终身行之者乎"？孔子回："其'恕'乎！己所不欲，勿施于人。"可见，人生修炼的最高境界竟是一个"恕"字。

本篇所记述的汉代人刘宽就是一个讲宽恕、有爱心的典型。

你看，别人牵了他的牛，前来谢罪，他非但不责怪，反而说"麻烦你送回来了，不必道歉。"掌管三郡时，官吏百姓有过，只用草鞭打几下，以示惩罚，而不使其皮肉受苦。事有功绩，归功于下级；灾异出现，自己引责担当。侍婢端肉羹不小心泼到他身上，朝服被弄脏，但他毫无怒色，反问侍婢："羹汤伤了你的手没有？"老仆受到外人侮辱，刘宽很快派人去看望，给以宽慰，

---

① 艺：古代统治阶级教育子弟的六种科目——六艺（礼、乐、射、御、书、数）之一。
② 被酒：为酒所醉。
③ 盥浴：盥洗沐浴。
④ 苍头：奴仆，家奴。
⑤ 迂久：良久。
⑥ 恚：音 huì，愤怒，怨恨。
⑦ 烂：灼伤，这里指烫伤。

以防其寻短见。刘宽总是这样,一事当前,先设身处地地替他人着想。

在封建等级制社会里,刘宽,一个朝堂大吏,对百姓、对下人竟有如此宽恕、怜悯的情怀,不能不令人敬佩。

恕道虽是一种美德,一种宽容悲悯之心,但孔子并不主张无原则的宽恕。有人问他:"以德报怨"对吗?他反问:那又"何以报德"呢?他主张"以直抱怨,以德报德",即拿公平正直对待仇怨,以恩德来回报恩德。讲恕道时,别忘了孔子的这番话。

译 文

刘宽字文饶,弘农华阴人。父刘崎,顺帝时为司徒。刘宽曾外出,有人丢了牛,见了刘宽驾车的牛就认为是他的牛。刘宽不作辩解把牛给他,下车步行回家。不久,认牛的人找到了自己丢的牛而送还刘宽的牛,叩头谢罪说:"愧对长者,愿接受你对我的处罚。"刘宽说:"物有类似,事情容许有失误,麻烦你把牛送回来了,不必道歉。"州里的人叹服他宽宏大量不与人计较的胸怀。

桓帝时,大将军梁冀征他,五次迁为司徒长史。当时京师地震,桓帝特接见询问于他。再迁,出京为东海王刘臻之相。延熹八年,征拜为尚书令,并任南阳太守。掌管三郡,温仁宽厚,即使仓促急迫时,也未尝疾言急色。常认为"用刑罚治理百姓,百姓虽不犯刑罚但不知羞耻"。官吏百姓有过失,只用草鞭打几下,以示侮辱而已,不使皮肉受苦。事有功绩,归功于下级。灾异出现,自己引身担当责任。每巡行属县在亭台驿站休息时,就招引学官祭酒及处士诸生手执经书讲习。看到父老慰以农里之言,见到少年就勉以孝悌之训。人们感其德就付诸行动,教化日见普及。

灵帝初,征拜为太中大夫,侍讲华光殿。升任侍中,赐衣一套。改任屯骑校尉,升任宗正,转任光禄勋。熹平五年,代许训为太尉。灵帝很喜爱学艺,每次接见刘宽,常令他讲经。刘宽曾在座位上喝过酒趴着睡着了。帝问

道:"太尉醉了吗?"刘宽仰头回答说:"臣不敢醉,但任务重、责任大,忧心如醉了。"帝重视他的话。

刘宽性情疏阔喜喝酒,不喜爱盥洗沐浴,京城把他的事编成了谚语。刘宽曾与客同坐,派老仆上市购酒,很久,老仆大醉而回。客人忍受不了,骂道:"畜牲。"刘宽很快派人去看望老仆,怀疑他必将自杀。对左右说:"这个人骂他是畜牲,还有比这更厉害的侮辱吗?所以我怕他自杀。"夫人想试试让刘宽发一次怒,等举行朝会,穿戴完后,派侍婢端着肉羹装着不小心泼到刘宽身上,朝服被泼脏了。侍婢急忙收拾,刘宽毫无怒色,神色不变,慢慢地对侍婢说:"羹汤伤了你的手没有?"他的性情度量就是这样的。天下人都称他为长者。

精忠爱国

"精忠爱国",又叫"精忠报国"(清代以前为"尽忠报国"),出自南宋爱国名将岳飞的典故。据说岳飞走上战场的前夕,深明大义的岳母在其背上刺下"精忠报国"四个大字,嘱其一生为国尽忠,奋勇杀敌,不可吝惜自己的生命。此后,精忠报国就成为爱国主义箴言,成为为国家竭尽忠诚、牺牲一切的代名词。

精忠报国,高扬的是爱国主义旗帜。爱国主义是一种"千万年来巩固起来的对自己祖国的一种深厚的感情",是爱亲、爱家、爱家乡情感的升华,由此形成一种捍卫民族尊严、维护祖国利益的崇高品德。精忠爱国的精神和气节是中华民族巨大的凝聚力,也是推动民族发展的巨大力量。

精忠报国,高扬的是英雄主义的旗帜。英雄是一个时代的精神坐标,是一个社会的价值引领。特别是当国家民族处于危机存亡之际,各族人民都站起来反抗外来侵略压迫之际,更需要弘扬英雄主义精神。岳飞的"精忠报国,还我河山",林则徐"苟利国家生死以,岂因福祸避趋之",顾炎武的"天下兴亡,匹夫有责"都充溢着英雄主义的精神和悲壮的情怀。爱国,必须拿出勇气;勇敢,必须基于爱国。勇敢和爱国是一对孪生兄弟,相互依托,缺一不可。

精忠报国也是当代的时代精神,是青年人的使命、责任和担当。发扬爱国主义的精神,学习英雄人物的品质,已经历史性地落到当代青年身上。让精忠精神薪火相传,让英雄的火炬照亮征程!

忠经①·天地神明

昔在至理，上下一德，以征天休，忠之道也。天之所覆，地之所载，人之所履，莫大乎忠。忠者，中也，至公无私。天无私，四时行；地无私，万物生；人无私，大亨贞②。忠也者，一其心之谓也。为国之本，何莫由忠？忠能固君臣，安社稷，感天地，动神明，而况于人乎？夫忠兴于身，著于家，成于国，其行一焉。是故一于其身，忠之始也；一于其家，忠之中也；一于其国，忠之终也；身一，则百禄至；家一，则六亲和；国一，则万人理。《书》云："惟精惟一，允执厥中③。"

【导读】

《忠经》，顾名思义是讲述忠诚、忠德的经典，是《孝经》的姊妹篇，它在东汉时期出现，实现了经典的"忠孝两全"。本文选取的是《忠经》的第一章，作者认为"忠"是"天地间"的至理至德，实行"忠"，就会感动"天地神明"，安社稷，调风雨，丰五谷，使家庭人丁兴旺，使国家政通人和，故章名为"天地神明"。

"忠"有如此大的威力，那么什么是"忠"呢？文中也给了确切的回答："忠者，中也，至公无私。"忠，就是居中，公正无私，不偏不颇，没有半点私意。文中还说"忠也者，一其心之谓也"。就是说，忠就是讲一心一意而

---

① 《忠经》是东汉经学家马融总结忠德的专门经典，全篇共18章。《天地神明章》是第一章，书中把"忠"说成是天地间的至理至德，是评价人们行为的最高准则。
② 亨贞，是《易经》中的术语，《易经》认为万事万物皆生命，就像一棵草一样，它们的发展规律均可分成四个阶段元、亨、利、贞——萌芽、成长、开花、结籽后凋亡。"亨贞"即成长与结果，在这里是指在修道的路上，可以得到大成长和大功果。
③ 惟精惟一，允执厥中：出自《尚书·大禹谟》："人心惟危，道心惟微，惟精惟一，允执厥中。"指言行不偏不倚，符合中正之道。

已。由此可知，这里的忠不是对君主、个人，或小集团的忠诚，而是对国家、对社稷、对信仰的忠诚，是公正的、无私欲的，因此能"固君臣，安社稷，感天地，动鬼神"。

"忠"如此之重要，那么如何实现呢？文中也有明确的表述："是故一于其身，忠之始也；一于其家，忠之中也；一于其国，忠之终也。"意思是说，人人从自己做起，忠厚诚实，是忠的开端；对家庭恪行忠道，无有二意，是忠的关键；尽忠为国，无欺天下，是忠的最高境界。这里有明显的三个层次：个人忠厚，对家庭忠实，对国家忠诚。

忠之于己，则诚信做人，不自欺，不欺人，光明磊落，堂堂正正；忠之于家，则慎终追远，孝养父母，夫妻和睦，长幼有序，善待邻里；忠之于国，则君臣同心，百姓同德，国有危难，拼杀疆场，马革裹尸，在所不惜。这就是《忠经》传递给我们的精神。

遗憾的是，历代统治者都把《忠经》念歪了。他们喋喋不休地宣扬，忠就是忠于君主，忠于"皇上"，忠于统治者，而且要逆来顺受，绝对忠诚。忠，不能三心二意，不能有自己的思想，也不能有自己的家庭，否则就是大逆不道。历朝历代因为"不忠"、因为"谋反"而惨遭杀戮的志士仁人何止千万，岳飞是一个典型，谭嗣同是又一个典型。这是我们民族历史上的一笔沉重的负资产，我们要汲取教训，绝不搞"愚忠"，绝不搞"迷信"，绝不搞蒙昧主义。让"忠"回归本源，回归"初心"，这是我们应该而且能够在当代做到的！

译　文

从前天下昌明之时，上上下下都一心一意用来报答神灵的降福，这就是忠道。举天之所覆盖，凡是地上所存在的一切，以及人所能感知、触及的范围之中，没有什么能比忠道更为广大、首要。忠道，是宇宙及社会中第一要道。忠的意思就是中，即公正无私，不偏不颇，没有半点私意。上天没有私意，所以一年春、夏、秋、冬四季有规律地轮换；大自然没有私意，所以万物生长茁

壮;人没有私意,一切都会十分吉祥、如意、称心、顺利。忠道的意思,就是讲一心一意而已。治理国家大事,哪一样又不是从忠道出发,并以忠道为根本?只要按忠道办事,就能使君主和臣属关系牢固,国家政权安全,甚至于感动天神地祇,各类神怪灵明,更何况人?忠道能使个人身重名立,使家庭兴旺发达,使国家走向强盛,这都是一心一意、诚信可靠的自然结果。所以说自己做到诚信忠厚,就是忠道的开端;对家庭竭尽心思、无有二意,便是忠道的关键;至于说诚厚为国,无欺天下,那便是忠道的最高境界了。只要自己恪行忠道,各种福禄就会自然而来。家庭中都能以忠道相待,一家就会和睦笃亲。只要全国人都懂得忠道,上下一心,国家就会治理得十分繁荣富强。《尚书》上说:"唯求精研专一,还要坚持中正之道。"

九歌·国殇①

战国·屈原

操吴戈②兮被③犀甲④,车错毂兮短兵⑤接。
旌蔽日兮敌若云,矢交坠兮士争先。
凌余阵兮躐余行⑥,左骖殪兮右刃伤⑦。
霾两轮兮絷⑧四马,援玉枹兮击鸣鼓⑨。

---

① 国殇:原指未成年而战死的楚国战士,后引申为为国牺牲于战场的人。
② 吴戈:吴国所制的戈,以锋利著称,代指锋利的兵器。
③ 被:同"披"。
④ 犀甲:犀牛皮制的铠甲。
⑤ 错:交错。毂:音 gǔ,车轮中间横贯车轴的部件。古时常以之代指车轮。短兵:短兵器。
⑥ 凌:侵犯。阵:军阵,阵地。躐:音 liè,践踏。行:行列。
⑦ 骖:战车两旁的马。殪:音 yì,死,杀死。刃伤:被刀剑砍伤。
⑧ 霾:同"埋"。絷:音 zhí,用绳子拴住。
⑨ 援:拿起。枹:音 fú,鼓槌。

天时怼兮威灵①怒,严杀尽兮弃原壄②。
出不入兮往不反,平原忽兮路超远③。
带长剑兮挟秦弓④,首身离兮心不惩⑤。
诚既勇兮又以武⑥,终刚强兮不可凌⑦。
身既死兮神以灵⑧,魂魄毅兮为鬼雄。

【导读】

本篇是追悼阵亡士卒的挽诗,是屈原为祭祀神鬼所作的一组乐歌——《九歌》中的一首,内容是追悼和礼赞为国捐躯的楚国将士的亡灵。

乐歌分为两节,先是描写在一场短兵相接的战斗中,楚国将士奋死抗敌的壮烈场面,继而颂悼他们为国捐躯的高尚志节。作者那热爱家国的炽烈情感,表现得淋漓尽致。

这是一场敌众我寡的殊死战斗,统帅无惧色,将士效死命;战鼓震天响,士卒勇争先;苍天动威怒,尸体遍荒野。

这批神勇的将士,操的是吴地出产的利刃、秦地出产的强弓,披的是犀牛皮制作的盔甲,拿的是有玉嵌饰的鼓槌,他们气贯长虹,英勇无畏!

屈原笔下,寥寥数语,将一场殊死的战斗状写得生动感人;含情的笔触,将为国死难的将士的形象塑造得高大丰满。通篇情感炽烈,铺张扬厉,充满凛然之气。

屈原,楚国人民的喉舌;《国殇》,楚国人民热爱家国的心声。

---

① 天时:犹言天象。怼:音 duì,怨愤。威灵:神灵。
② 严杀:犹言"肃杀",指战场上的肃杀之气。壄:音 yě,古"野"字。
③ 忽:渺茫而萧索。超远:即遥远。
④ 带:佩在身上。挟:夹。
⑤ 心不惩:心不悔。
⑥ 诚:果然是。勇:指精神上的气势英勇。武:指孔武有力。
⑦ 终:到底。不可凌:指不可侵犯。
⑧ 神以灵:指为国捐躯的将士死后成神,神灵显赫。意谓他们精神不死。

明德·践行

译 文

手执吴戈锐啊身披犀甲坚,
车毂交错中短兵相接。
旌旗蔽日啊敌寇蜂拥如云,
箭雨纷坠啊将士奋勇向前。
敌寇凌犯我军阵啊践踏队列,
左骖倒毙啊右骖伤于刀剑。
埋定车轮啊拉住战马,
拿过玉槌啊擂动鼓点。
战气肃杀啊苍天含怒,
被残杀的将士啊散弃荒原。
既已出征啊就没想过要回返,
山邈远啊去路漫漫。
带上长剑啊操起秦弓,
纵使首身异处啊无悔无怨。
真是英勇无畏啊武艺超凡,
你永远刚强啊不可凌犯。
既已身死啊将成神显灵,
你是鬼中的英雄啊魂魄毅然。

日知录①·正始（节选）

清·顾炎武

有亡国，有亡天下，亡国与亡天下奚辨②？曰：易姓改号谓之亡国。仁义充塞③，而至于率兽食人④，人将相食，谓之亡天下。魏晋人之清谈⑤，何以亡天下？是孟子所谓杨、墨之言，至于使天下无父无君，而入于禽兽者也……是故知保天下，然后知保其国。保国者，其君其臣、肉食者⑥谋之；保天下者，匹夫之贱与有责焉耳矣。

【导读】

文中首先提出"亡国"和"亡天下"是两个不同的概念。"亡国"是改朝换代，是政权的更替、国号的改变；而"亡天下"则是文化的倾覆、道统的中断、纲常的沦丧。天下之亡，必然带来历史的倒退，天地的翻覆，以至于"率兽食人，人将相食"。

继而，文中又提出"保国"和"保天下"的区别。"保国者，其君其臣、肉食者谋之"，就是说，保卫政权是当权者的事情，是帝王将相、王公大臣们应该考虑的。而保天下，则"匹夫之贱与有责焉耳矣"，即举国上下，上自王公下至平民，人人有责。"匹夫"本义为马夫——服侍马匹的人，这里泛指天下苍生、闾里百姓。

---

① 《日知录》：明末清初著名学者、大思想家顾炎武的代表作品，对后世影响巨大。该书是一经年累月、积金琢玉撰成的大型学术札记，是顾炎武"稽古有得，随时札记，久而类次成书"的著作。
② 奚辨：怎么区别。奚：什么，哪里；怎么。
③ 充塞：堵塞，意为被遏止。
④ 率兽食人：出自《孟子·梁惠王上》，带着野兽来吃人。比喻统治者率先虐害百姓。率：带领。
⑤ 清谈：清雅的谈论。魏晋时士人就一些玄学问题析理问难、反复辩论的文化现象。
⑥ 肉食者：当权的人。古代把礼制规定的食肉的统治者称为"肉食者"。"肉食者谋之"出自《战国策·曹刿论战》。

▲浙江千灯镇顾炎武故居

明末清初社会处于动荡之际,思想家顾炎武提出"亡国"和"亡天下"的问题,其鼓动人民抗清复明的用意显而易见。近代著名学者梁启超将顾炎武的这一见解浓缩为"天下兴亡,匹夫有责"八个字(见《饮冰室文集·痛定罪言》),成为鼓舞民众保家卫国、担负起天下兴亡职责的响亮口号。

"同学们,大家起来,担负起天下的兴亡……"当年前辈们唱着这首歌奔赴抗日前线、解放战场,挽救民族危亡;今天我们还要继续唱这首歌,改革开放未有穷期,改革也是一场革命,是振兴中华的伟大斗争,需要千千万万人的参与和奋斗。

天下者,我们的天下,民众的天下,咱老百姓的天下。天下兴亡,匹夫有责,我们有责,全体有责。我们要敢于负责、勇于担当!虽然我们只是普通一员,只是草根,但万千草根连天碧野,有无穷力量,我们是祖国的脊梁!

译 文

有亡国的事,有亡天下的事。如何辨别亡国和亡天下呢?回答说:易姓改号叫作亡国。仁义的道路被阻塞,以至于到了率领禽兽来吃人的地步,人与人之间也要互相吃,这叫作亡天下。魏晋人的清谈为什么能够亡天下?原因就是孟子所说的杨朱墨翟的学说使天下人目无父母,目无君上,从而堕落为禽兽了……因此,首先要知道保天下,然后才知道保国家,保国家是位居国君和臣下的那些统治者所要考虑的;保天下,即使是地位低贱的普通百姓都有责任。

满江红

南宋·岳飞

怒发冲冠①,凭栏②处、潇潇③雨歇。抬望眼,仰天长啸,壮怀激烈。三十功名尘与土,八千里路云和月。莫等闲④,白了少年头,空悲切!

靖康耻⑤,犹未雪。臣子恨,何时灭!驾长车,踏破贺兰山⑥缺。壮志饥餐胡虏肉,笑谈渴饮匈奴血。待从头、收拾旧山河,朝天阙⑦。

【导读】

岳飞的《满江红》,是一篇抒豪请、寄壮志、建功立业的宣言;也是一篇讨敌酋、雪耻辱、反对侵略的檄文。读之,令人热血沸腾,心潮难平。

---

① 怒发冲冠:气得头发竖起,以致将帽子顶起。形容愤怒至极,冠是指帽子。
② 栏:通"阑"。
③ 潇潇:形容雨势急骤。
④ 等闲:轻易,随便。
⑤ 靖康耻:指宋钦宗靖康二年京师和中原沦陷,徽、钦二帝被金人俘虏一事。
⑥ 贺兰山:在宁夏西北。
⑦ 朝天阙:朝见皇帝。天阙:本指官殿前的楼观,此指皇帝生活的地方。

▲岳飞像

上阕开篇奇突,以愤怒填膺的肖像描写起笔,抒发作者为国建功立业的满腔豪气。国土沦亡之际,英雄心中一股悲愤之情难以抑制,仰天长啸,壮怀激烈,怒不可遏。这冲冠之怒正是岳飞以拯救民族国家危亡为己任的全部意义的外在化表现。

下阕开头四个短句,三字一顿,一锤一声,裂石崩云,抒写了作者报仇雪恨、重整山河的决心。"驾长车"一句豪气直冲云霄,在那山河破碎、士气低沉的时代,是一种惊天地、泣鬼神的激励力量。"饥餐""渴饮"虽是夸张,却表现了诗人足以震慑敌人的英雄主义气概。最后两句语调陡转平和,表达了作者报效朝廷的一片赤诚之心,披肝沥胆,感人至深。

这首词代表了岳飞"精忠报国"的英雄之志,词句中无不透出刚烈之气,显示出忧国报国的壮志情怀。全词如江河直泻,曲折回荡,激发出铿然金石之声,是不可多得的名篇。

译 文

  我怒发冲冠登高倚栏杆,一场潇雨刚刚停歇。抬头望去四周辽阔一片,仰天长声啸叹。壮怀激烈,三十年勋业如今成尘土,征战千里只有浮云明月。莫虚度年华白了少年头,只有独自悔恨悲悲切切。

  靖康年的奇耻尚未洗雪,臣子愤恨何时才能泯灭。我只想驾驭着一辆辆战车踏破贺兰山敌人营垒。壮志同仇饿吃敌军的肉,笑谈蔑敌渴饮敌军的血。我要从头再来收复旧日河山,朝拜故都京阙。

剑南诗稿·病起①书怀

南宋·陆游

病骨②支离纱帽宽,孤臣③万里客江干。
位卑未敢忘忧④国,事定犹须待阖⑤棺。
天地神灵扶庙社⑥,京华⑦父老望和銮。
出师一表⑧通今古,夜半挑灯⑨更细看。

---

① 病起:病愈。
② 病骨:指多病瘦损的身躯。支离:分散,憔悴;衰疲。
③ 孤臣:孤立无助或不受重用的远臣。江干:江边,江岸。
④ 忘忧:忘却忧虑。
⑤ 阖棺:阖,音 hé,关闭,合上,指死亡。诗中意指盖棺定论。
⑥ 庙社:宗庙和社稷,比喻国家。
⑦ 京华:京城之美称。因京城是文、物、人才汇集之地,故称。和銮:古代车上的铃铛。挂在车前横木上的称"和",挂在轭首或车架上的称"銮",诗中代指"君主御驾亲征,收复祖国河山"的美好景象。
⑧ 出师一表:指三国时期诸葛亮所作的《出师表》。
⑨ 挑灯:拨动灯火,点灯,亦指在灯下。

明德·践行

【导读】

陆游生逢北宋灭亡之际,目睹国破家亡的痛苦,其诗作充满忧国忧民的情怀和收复失地的渴望。本篇从衰病起笔,以挑灯夜读《出师表》结束,所表现的是百折不挠的精神和永不磨灭的意志。

"位卑未敢忘忧国"是全诗的诗眼,是诗人内心的真实写照。它的主旨就是以天下为己任,为国分忧,而不论贫富贵贱、位尊位卑。这忧乐是一种关乎天下的家国情怀;是一种"天下兴亡,匹夫有责"的担当精神,也是我国知识分子数千年以来的优良传统。

"位卑未敢忘忧国"不但使诗歌思想生辉,而且令这首七律警策精粹,灵光独具,艺术境界拔高一筹。明代文学家杨慎评价这首诗"纤丽处似淮海,雄慨处似东坡",此言是矣。

译　文

病体虚弱消瘦,以致头上的纱帽也显得宽大了,孤单一人客居在万里之外的江边。

虽然职位低微却从未敢忘记忧虑国事,公正是非,只能死后才能定论。

希望天地神灵保佑国家社稷,百姓都在日夜企盼着君主御驾亲征收复失落的河山。

诸葛孔明的传世之作《出师表》忠义之气万古流芳,深夜难眠,还是挑灯细细品读吧。

践行篇

明德·践行

知行合一

"知行合一,止于至善"源自明代思想家王守仁①。"知"是知道、认识,"行"是行动、行为。二者合一,就是心里有了想法、有了认识、有了策略,就要付诸行动,咬定目标,坚持不懈,直至达到尽善尽美。

知行合一是人生的一种境界。行是知之始,知是行之诚。为人为事,要多学习,多思考,以获取认识;然后再把思考得来的认识,拿到实践中去检验,去修正;接下来,再用修正过的认识去指导自己的行动。这种循环往复、不断上升的过程,就是知行合一的过程,也是获取成功的过程。

知行合一要求我们要去丑陋,存良善。知行分裂,是为丑;知而不行,是为陋。丑陋多了,社会道德就会塌陷。丑陋的反面是良善,知行合一是良善。良善就是真善美——真诚、善良和美丽。个人有了良善,人生才会美好;群体有了良善,大家才会团结;人人有了良善,国家才会和谐。

知行合一还要求我们去虚假,存诚信。言行不一、口是心非是典型的虚伪,君子所不为也。诚实守信,是做人之本。守正

---

① 王守仁(1472年—1529年),汉族,幼名云,字伯安,别号阳明。浙江绍兴府余姚县(今属宁波余姚)人,因曾筑室于会稽山阳明洞,自号阳明子,学界称之为阳明先生,亦称王阳明。明代著名的思想家、文学家、哲学家和军事家,陆王心学之集大成者,精通儒家、道家、佛家。王守仁的学说思想是明代影响最大的哲学思想。其学术思想传至日本、朝鲜半岛以及东南亚,立德、立言于一身,成就冠绝有明一代。弟子极众,世称姚江学派。其文章博大昌达,行墨间有俊爽之气,有《王文成公全书》。

固本，是君子之道。唯知行合一者，才能守得住"正"，固得了"本"。因此，知行合一者，君子也。

　　知行合一，说着容易，做着难，知易而行难；要求他人易，要求自己难，惰性使之然。因此严于律己、克服惰性是实现知行合一的前提条件。人人努力，说到做到，去伪存真，去恶存善。教师做到知行合一，学生必亲其师，信其道；学生做到知行合一，学业必精进，前途必光明，成龙成虎亦可期；公职人员做到知行合一，必悦民心，鼓民气，国家有望；老百姓做到知行合一，必新风气，美容貌，世界惊叹。

　　既如此，我们还等什么，说到做到，拿出行动来吧！

礼记·中庸·博学之

博①学之②,审问之,慎思之,明辨之,笃③行之。有弗学,学之弗能,弗措④也。

有弗问,问⑤之弗知,弗措也。有弗思,思之弗得,弗措也。有弗辨,辨之弗明,弗措也。有弗行,行之弗笃,弗措也。人一能之,己百之;人十能之,己千之。

果能此道⑥矣,虽愚必明,虽柔必强。

【导读】

本篇"学问思辨行"的"五之"概括了为学的几个阶段。"博学之"跟"审问之"是属于闻的范畴,"慎思之""明辨之"是属于思的范畴,"笃行之"是属于行的范畴。"博学"就是广泛地、广博地去学,向自然学,向社会学,向书本学,向他人学,甚至向对立面学,这是为学的第一阶段。少了它,为学就是无源之水、无本之木。"审问"为第二阶段,有所不明就要追问到底,要对所学加以怀疑。"审问"有详细、周密之问的意思。问过以后还要通过自己的思维活动来仔细辨析,想一想是否合乎逻辑,是否真有道理,否则就学不能为其所用,这是第三阶段"慎思"。"明辨"为第四阶段,学问越辨越明,不辨,则所谓"博学"就会鱼龙混杂,良莠不分。"笃行"是为学的最后阶段,既然学有所得,就要走向社会,努力践行,做到

---

① 博:博大,广博。
② 之:学的对象(各种知识)。
③ 笃:切实地,坚定地。
④ 措:搁置,终止。
⑤ 问:这里指求教。
⑥ 道:做到。

"知行合一"。"笃"有忠贞不渝之意,只有意志坚定的人,才能真正做到"笃行"。

文中还强调了在学习中个人主观能动性的作用。"人一能之,己百之;人十能之,己千之"。若能下如此工夫,愚蠢者也会变聪明,柔弱者也会变坚强。此话不虚。

今天,"五之"已成为青年学子耳熟能详的学习警言,成了指引人生方向的路标。许多高校以"博学""慎思""笃行"命名教学楼、实验楼、实训楼。北京交通大学以浮雕筑成的"五之"墙,与校训碑"知行"相辉映,成了学校一道著名的风景线。

(请同学们想一想,我们这本书名的含义。)

译 文

(对事物的道理,)要广博地学习,详细地追问,谨慎地思考,明白地分析,切实地实行。

▲北京交通大学"五之墙"

要么不学，学了没有学会绝不罢休；要么不问，问了没有懂得绝不罢休；要么不想，想了没有想通绝不罢休；要么不分辨，分辨了没有明确绝不罢休；要么不实行，实行了没有成效绝不罢休。别人用一分努力就能做到的，我用一百分的努力去做；别人用十分的努力做到的，我用一千分的努力去做。

如果真能够做到这样，虽然愚笨但也一定可以聪明起来，虽然柔弱但也一定可以刚强起来。

史记·孔子世家（节选）

孔子去曹适宋，与弟子习礼大树下。宋司马桓魋欲杀孔子①，拔其树。孔子去②。弟子曰："可以速矣。"孔子曰："天生德于予，桓魋其如予何！"

孔子适郑，与弟子相失，孔子独立郭东门。郑人或谓子贡曰③："东门有人，其颡似尧④，其项类皋陶，其肩类子产⑤，然自要以下不及禹三寸，累累若丧家之狗⑥。"子贡以实告孔子。孔子欣然笑曰："形状，末也⑦；而谓似丧家之狗，然哉⑧！然哉！"

……

孔子迁于蔡三岁⑨，吴伐陈。楚救陈，军于城父⑩。闻孔子在陈、

---

① 司马：主管全国兵事之官。桓魋（tuí）：宋国的权臣。
② "拔其树。孔子去。"：是"孔子去，拔其树"的倒文。桓魋想杀孔子，赶到后，孔子已离开，因此拔掉这棵树表示愤恨。
③ 子贡：姓端木名赐，字子贡，是孔子的学生。
④ 颡：音 sǎng，额，脑门子。
⑤ 子产：即公孙侨，春秋后期郑国的名臣。
⑥ 累累：垂头丧气的样子。
⑦ 末：末节，不重要。
⑧ 然哉：是这样。
⑨ 孔子迁于蔡三岁：即哀公六年（前489年），是年孔子六十三岁。
⑩ 城父：陈邑名，在今河南宝丰东，平顶山西北。

蔡之间，楚使人聘孔子①。孔子将往拜礼②，陈、蔡大夫谋曰："孔子贤者，所刺讥皆中诸侯之疾。今者久留陈、蔡之间，诸大夫所设行皆非仲尼之意③。今楚，大国也，来聘孔子。孔子用于楚，则陈、蔡用事大夫危矣！"于是乃相与发徒役④围孔子于野。不得行，绝粮。从者病，莫能兴⑤。孔子讲诵弦歌不衰。子路愠见曰："君子亦有穷乎？"孔子曰："君子固穷，小人穷斯滥矣⑥。"

……

孔子知弟子有愠心，乃召子路而问曰："诗云'匪兕匪虎，率彼旷野'⑦。吾道非邪？吾何为于此？"子路曰："意者吾未仁邪？人之不我信也。意者吾未知邪⑧？人之不我行也。"孔子曰："有是乎！由，譬使仁者而必信⑨，安有伯夷、叔齐？使知者而必行，安有王子比干？"

子路出，子贡入见。孔子曰："赐，诗云'匪兕匪虎，率彼旷野'。吾道非邪？吾何为于此？"子贡曰："夫子之道至大也，故天下莫能容夫子。夫子盖少贬焉？"⑩孔子曰："赐，良农能稼而不能为穑⑪，良工能巧而不能为顺⑫。君子能修其道，纲而纪之，统而理之，而不能为容。今尔不修尔道而求为容⑬，赐，而志不远矣！"

子贡出，颜回入见。孔子曰："回，诗云'匪兕匪虎，率彼旷野'。

---

① 聘：以财物迎请。
② 拜礼：接受聘礼，前往拜谢。
③ 设行：施行，实行章程、制度。
④ 徒役：服劳役的徒众。
⑤ 兴：起，立。
⑥ 穷斯滥矣：指胡作非为。斯，就。滥，泛滥，不能克制自己。
⑦ 匪兕匪虎，率彼旷野：见《诗经·小雅·何草不黄》。匪，同"非"。兕（sì）：野牛。率：循，沿着。
⑧ 意者：莫非是，推测之辞。未知：智慧不足。知，同"智"。
⑨ 信：理解。
⑩ 盖少贬焉：何不自己稍微降低一点呢？盖，同"盍"，何不。
⑪ 稼：种。穑：收获。
⑫ 巧：工艺精巧。顺：符合别人的心意。
⑬ 容：接受，容纳。

吾道非邪？吾何为于此？"颜回曰："夫子之道至大，故天下莫能容。虽然，夫子推而行之。不容何病①，不容然后见君子！夫道之不修也，是吾丑也。夫道既已大修而不用，是有国者之丑也。不容何病，不容然后见君子！"孔子欣然而笑曰："有是哉颜氏之子②！使尔多财，吾为尔宰③。"

【导读】

《孔子世家》是司马迁为孔子所写的传记，详细记录了孔子一生的活动、遭遇和成就，是研究孔子思想的重要文献。

孔子为了宣传自己的政治主张，一生大部分时间都带领弟子周游列国，奔走游说，虽然处处碰壁，但初心不改。孔子是一个伟大的践行者。节选部分记录的正是孔子在宋国、魏国遭到驱逐，在陈国、蔡国之间遭受困厄的一段史实，反映了他临危不惧、胸怀坦荡、坚守信念的品格。

史实之一：孔子周游列国到宋，和弟子们在大树底下"习礼"，桓魋扬言要杀他，弟子们劝他快跑，孔子却沉静地说："天生德于予，桓魋其如予何！"最后从容地离开。

史实之二：孔子风尘仆仆来到郑国，与弟子走散，比较狼狈，有人称他为"丧家狗"。孔子听到后非但不生气，反而肯定对方说得对，"形状，末也；而谓似丧家之狗，然哉！然哉！"只有涵养高的人，才能具有这种宠辱不惊的博大胸怀。

史实之三：在陈、蔡之间，孔子一行被围，粮草断绝，饥寒交迫。弟子萎靡不振，孔子却弹琴赋诗。弟子问其故，孔子曰："君子固穷，小人穷斯滥矣。"这反映了他的乐观精神和穷且益坚的品格。

……

---

① 病：损害，害处。
② 有是哉：犹今之所谓"真有你的"，惊喜敬佩之词。
③ 宰：主管。

▲孔子讲学图

经过陈、蔡之难之后，孔子终于回到鲁国。为了实现修身治国的抱负，他便著书立说，开坛讲学，先后培养弟子三千、贤人七十二。这些人陆续成为当时知识阶层的中坚力量，其著述汇集成儒家学派，蔚为大观，影响深远。

孔子是一个有献身精神的人，一个知行合一的人，一个言而有信的人。他的思想和学说烛照中国和世界两千多年，成了中华文明的代表。我们怀念他，更要弘扬他学说中的精华，建设好自己现代化的国家。

译 文

后来孔子又离开曹国到了宋国，和弟子们在一棵大树下演习礼仪。宋国的司马桓魋想杀孔子，赶到后孔子已经离开了，就让人把那棵大树拔掉了。弟子们催促说："我们还是走快点吧。"孔子说："老天爷已经把品格、责任赋予了我，桓魋又能把我怎么样呢？"

孔子到达郑国时，和弟子们走散了，一个人孤零零地站在外城的东门。有个郑国人对子贡说："东门外有个人，他的前额有点像唐尧，他的脖子有点像皋陶，他的肩膀有点像子产，他的下半身比大禹短三寸，他那萎靡不振的样子活像一只丧家狗。"子贡找到孔子后就把那个人的话如实地对孔子说了。孔

子一听反而开心地笑起来,说:"他所美言我的那种相貌,我可真是不敢当。但他说我像只丧家狗,那可真对极了!对极了!"

孔子迁居到蔡国的第三年,吴国出兵伐陈。楚国派兵救陈,驻兵于城父,楚王听说孔子这时就在陈、蔡两国之间,于是就派人去请孔子。孔子准备前去拜见。陈、蔡两国的大夫们听到这个消息立刻商量:"孔子可是个有才德的贤人,他对哪个国家所作的批评都能切中那个国家的要害。如今住在我们陈、蔡两国之间,我们这些人的所作所为都不合乎孔子的思想。现在楚国这个大国来请孔子了。如果孔子在楚国被重用,那我们陈、蔡两国这些主事人可就危险了。"于是他们就串通起来,发兵把孔子一行围困在野外,使得他们想走而又走不了,带的干粮也都吃完了,饿得那些随从的弟子们一个个都躺在地上,站不起来。而孔子却还在那里讲诗书,读文章,弹琴唱歌不停。子路恼怒地过来对孔子说:"君子难道也有走投无路的时候吗?"孔子说:"君子到了困窘的时候能够坚守节操,而小人到了困窘的时候就会不择手段地乱来了。"

孔子知道弟子们都有怨气,于是把子路叫来问道:"《诗·何草不黄》里说'既不是犀牛,又不是老虎,可是却在原野上东奔西跑',是我追求的理想不对吗?我为什么落到了这步田地呢?"子路说:"也许是我们还没有达到'仁人'的标准,所以人们对我们还不够信任。也许是我们的聪明智慧还有欠缺,所以人们才处处同我们为难。"孔子说:"有你说的这种道理吗?由啊,要是凡够'仁人'标准的人就能让别人相信,那伯夷、叔齐还会饿死在首阳山吗?要是聪明智慧无欠缺的人就一定能通行无阻,那王子比干还会被挖了心吗?"

子路出去后,子贡进来了。孔子说:"赐啊,《诗·何草不黄》里说'既不是犀牛,又不是老虎,可是却在原野里东奔西跑',是我追求的理想不对吗?我为什么落到这步田地呢?"子贡说:"这是由于先生您的理想太高尚太伟大了,因此普天下才无法容纳您。先生您难道就不能把标准降低点吗?"孔子说:"赐,最好的农民能保证把地种好,但不能保证就一定能获得丰收;最好的能工巧匠能保证把东西做得巧夺天工,但不能保证买东西的人一定满意;

君子能够尽力使自己的理想趋于完善,能让它有条有理,一以贯之,但不能保证一定能让世人接受。现在你不是去修养自己而是只想去取得世人的接纳,你的志向可不够远大!"

子贡出去后,颜回进来了。孔子说:"颜回,《诗·何草不黄》里说'既不是犀牛,又不是老虎,可是却在原野里东奔西跑',是我的理想不对吗?我为什么落到了这步田地呢?"颜回说:"先生的理想太伟大了,因此才使得天下哪里也无法容纳。尽管如此,先生您还是坚持不懈地在推行它,不被容纳又有什么关系呢,不被容纳才更显示出您作为君子的伟大!一个人的理想学说不完美,那是自己的耻辱;如果理想学说完美无缺而只是不能被人容纳,那就是当权者们的羞耻了。不被容纳有什么关系,不被容纳才显示出您作为君子的伟大!"孔子一听称心地笑着说:"颜家的小子,可真有你的!假如你是个大富翁,我情愿去给你当管家。"

答曹元可

南宋·朱熹

示喻①,为学之意,仰见造诣之深,不胜叹仰然。尝闻之为学之实②,固在践履③,苟徒④知而不行,诚⑤与不学无异然。欲行而未明,于理则所践履者又未知其果⑥何事也。故大学之道,虽以诚意正心为本,而必以格物致知为先。所谓格物致知,亦曰穷尽物理,使吾之知识无不精切,而至到耳。夫天下之物,莫不有理,而其精蕴则已具于⑦圣贤之书,故必由是

---

① 示喻:告知;晓示。常用于上对下或书札中。
② 为学之实:治学的实质。
③ 固在践履:本来就在于实践。固:本来,原来。践履本为足踏地之意,引申为行动、实行、实践。
④ 苟徒:如果仅仅。
⑤ 诚:真的,确实,的确。
⑥ 果:究竟。
⑦ 具于:存在于。具,具备,引申为存在之意。

以求之。然欲其简而易知，约而易守①，则莫若②《大学》《论语》《中庸》《孟子》之篇也。是以③顷年尝④刻四古经于临漳，而复刻此四书以先后其说，又略述鄙意以附书后。区区于此，所以望于当世之友朋者，盖已切矣。归来，只有数本皆为知识，持去⑤不得纳，呈然，彼间相去不远，自可致之不难也。读之有得，复以见教⑥千万之望。

【导读】

《答曹元可》是理学大家朱熹的一篇专门谈"格物致知"的文章，与我们今天所提倡的认识论，特别在知行关系上的认识有着天然的联系，是古代认识论的一块丰碑。

文中首先阐明了实践的意义，提出了"践履"的观点。朱熹说："为学之实，固在践履，苟徒知而不行，诚与不学无异。"就是说，做学问的实质，本来就在于实践。如果只懂得道理，而不去实行，那与不学习、不懂得道理又有什么不同呢？所谓"践履"，就是践行，即亲身实践，身体力行，在实践中不断地推究检验，达于知行合一。此为务实求真之要义。

接着，文中进一步提出，有时虽然实践了，但还是不明究竟，不知何以如此，该怎么办呢？朱熹开出的药方是"必以格物致知为先"，即必须把"穷究事理，知其所以"放在首要的、领先的位置上。所谓"格物"，就是接触事物，穷究事物的原理；所谓"致知"就是获得对事物的认识，知其所以然。对"格物致知"还有另一种解释，就是"穷究心中固有的道理，从而获得新的认识"，这是一种内省的功夫，带有唯心主义的色彩。

---

① 约而易守：(那些)容易恪守礼法。约：本意指提出或商量(需要共同遵守的事)，引申为各集著。守：遵守，奉行。
② 莫若：或许，大约，还不如。
③ 是以：所以，因此
④ 尝：试也。
⑤ 持去：处理掉。持：对待，处理。
⑥ 见教：客套话，指让对方指教自己。

第三，文中强调了要读圣贤之书。因为"天下之物，莫不有理"，而其精深的含义都详细地记录在圣贤之书，尤其是四书"《大学》《论语》《中庸》《孟子》"之中。明理须读书，读书是明理的必由之路。为了提供范本，朱熹亲刻四书，并加注疏。读者若能读之有得，则是大师之所愿也。

总之，"践履—格物致知—读书"，是朱熹在本文中告诉我们的为学之道，闪烁着先知的光芒。"半亩方塘一鉴开，天光云影共徘徊。问渠那得清如许？为有源头活水来。"让我们以书为友，以书为伴，穷究物理，获取真知。

（小测试：习近平总书记在中共中央党校2012年秋季开学典礼上，曾引用了本文中的一句名言，你知道是哪句吗？）

译 文

告诫：治学的意义，主要仰仗于学问、艺术等达到的程度境界，（这让我）不禁要仰然赞叹。曾听说，治学的实质根本在于实践。如果只是懂得道理而不去实践，那与不知没有什么不同。但是想实践却不明白其中的道理，那么虽然实践了，又不知道它何以如此。所以追求高深的学问，其办法虽然以真心实意为根本，但必须以穷究事理知其所以为先。所谓格物致知，也叫做穷尽事物，彻底摸清事物的本质，使我的知识无不精准、准确。天下所有的事物，没有一样不是没有规律的。而其精深的含义都详细地记录在圣贤书中。然后，想要简单易懂的知识，则莫过于《大学》《论语》《中庸》《孟子》这些文章。因此，近年试着在临漳刻四古经，而后又复刻这四本书以先后完善，后又略述自己的想法附于书后。略微小事，还望朋友指点，大概就这些了。归来（细看），（觉得）只有几本为知识，其余皆除去，不纳入其中。显然，彼此之间相差不远，读者自可选择，这并不难。读而有收获，还望有些许高见能指正于我。

续诗品①·尚识②

清·袁枚

学如弓弩,才如箭镞③。识以领之,方能中鹄④。
善学邯郸,莫失故步。善求仙方,不为药误。
我有禅灯,独照独知。不取亦取,虽师勿师。

【导读】

《续诗品》是清代袁枚仿晚唐司空图《二十四诗品》之作,用四言韵文写就,简括了诗歌创作的经验体会,即所谓创作的"苦心"。"尚识"是其中一则,意为要写出好诗,就要崇尚学识,具有真知灼见,并以此来引领创作。

文中阐明了诗歌创作中学问、才能、学识、目标之间的关系,指出其重点在于学识。袁枚打了这样的比方:"学如弓弩,才如箭镞。识以领之,方能中鹄。"意思是,学问像弓弩,才能如箭头,学识引导箭头射出,才会命中靶心。这说明,学识具有引领作用。没有学识,才能就会偏离方向,写诗就会迷失方向。这是作诗的经验,也是做人的经验。德识才学,人生四宝,何者领先?德识为要。

让我们崇尚学识,崇尚人品,崇尚道德吧!知识才能与人品学识相比,永远是第二位的。人可以没有学问,但不可没有学识;可以没有才能,但不能没有品行;可以没有诗歌,但不能没有德性。

---

① 《续诗品》由清代诗论家袁枚所著,是唐代司空图《二十四诗品》的续,主要论述创作过程,分"崇意""精思""选材"等32则。
② 尚识:以见识为高,以见识为重。
③ 箭镞:箭头。
④ 鹄:射箭的目标,箭靶子。

这就是"尚识"给我们的启发。它不仅适用于作诗,也适用于做人。欲作好诗,先做好人;不作好诗,也要做好人!

译　文

学问像弓弩,才能如箭头,学识只有引导箭头射出,才会命中靶心。

善于学习赵国人优美的走路姿势,但不要忘记自己本来的步法。善于求取仙方,但不能为丹石所误。

我有禅灯,独自照亮,自己知晓。不取也有,虽有指引亦无指引。

送天台陈庭学序①

明·宋濂②

西南山水,惟川蜀最奇③。然去中州万里④,陆有剑阁栈道之险⑤,水有瞿塘滟滪之虞⑥。跨马行,则篁竹间山高者,累旬日不见其巅际。临上而俯视,绝壑万仞⑦,杳莫测其所穷,肝胆为之悼栗⑧。水行,则江石

---

① 《送天台陈庭学序》:元末明初文学家宋濂为天台学士陈庭学所做之序。行文规整,在文中也透露出作者自身的豪气和对知识的孜孜追求。
② 宋濂:元末明初著名政治家、文学家、史学家、思想家,与高启、刘基并称为"明初诗文三大家",被明太祖朱元璋誉为"开国文臣之首"。以散文创作闻名,其散文质朴简洁,或雍容典雅,其作品大部分被合刻为《宋学士全集》七十五卷。
③ 川蜀:今四川一带。
④ 中州:即中土,中原。狭义的中州指今河南省一带。因地处古九州的中部而得名。当时宋濂在河南龙门山讲学。
⑤ 剑阁栈道:在今四川省剑阁县北,即大剑山与小剑山之间的一条栈道,又叫剑门关。这里峰峦连绵,地势险要,峭壁中断,山隘如门,有"一夫当关,万夫莫开"之险。
⑥ 瞿塘:即瞿塘峡。一称"夔(kuí)峡",长江三峡之一,其中白帝城至大溪间为峡谷段,两岸悬崖峭壁,江面最狭的地方只有百余米,江流湍急,有"天堑"之称。滟滪:滟滪堆,亦作"灩澦滩",在瞿塘峡口,是突出在长江江心的巨石,为长江三峡中著名的险滩。虞:忧虑。
⑦ 绝壑万仞:绝险的山谷,深不见底。壑:山谷,深沟。仞,古代长度单位。
⑧ 悼栗:颤抖。

悍利，波恶涡诡①，舟一失势尺寸，辄糜碎土沉②，下饱鱼鳖③。其难至如此。故非仕有力者，不可以游；非材有文者，纵游无所得；非壮强者，多老死于其地。嗜奇之士恨焉④。

天台陈君庭学，能为诗，由中书左司掾，屡从大将北征，有劳，擢四川都指挥司照磨，由水道至成都。成都，川蜀之要地，扬子云、司马相如、诸葛武侯之所居，英雄俊杰战攻驻守之迹，诗人文士游眺饮射赋咏歌呼之所，庭学无不历览。既览必发为诗，以记其景物时世之变，于是其诗益工⑤。越三年，以例自免归，会予于京师。其气愈充，其语愈壮，其志意愈高，盖得于山水之助者侈矣。

余甚自愧，方予少时，尝有志于出游天下，顾以学未成而不暇。及年壮方可出，而四方兵起，无所投足。逮今圣主兴而宇内定，极海之际，合为一家，而予齿益加耄矣。欲如庭学之游，尚可得乎？

然吾闻古之贤士，若颜回、原宪皆坐守陋室，蓬蒿没户，而志意常充然，有若囊括于天地者。此其故何也？得无有出于山水之外者乎？庭学其试归而求焉？苟有所得，则以告予，予将不一愧而已也！

【导读】

本文是一篇赠序。赠序一般是奖掖后进，表达期望、劝勉的文字。

文章的开头便展示了一幅"蜀道难，难于上青天"的画面，意在说明"非仕有力者，不可以游；非材有文者，纵游无所得；非壮强者，多老死于其地，嗜奇之士恨焉"。而天台陈庭学屡随军远征，出入川蜀，凡是英雄俊杰争战攻取、驻扎戍守的遗迹，诗人文士游览登临、饮酒射投、赋诗咏诗、歌唱呼啸的处所，没有不去游历观览的。因此"其气愈充，其语愈壮，其志意愈

---

① 波恶：形容波浪很大很凶。涡诡：指怪异的旋流。
② 糜碎：粉碎。
③ 鳖：俗称甲鱼，团鱼。
④ 嗜：喜欢，爱好。
⑤ 益工：更加精进、精致。

高"。这充分说明游历、参观可以强健体魄,陶冶性情。山水环境也是育人的一个重要条件。作者对自己少时求学无暇游、中年战乱无处游、老年体衰无力游的处境,深表遗憾。这是本文传递的一个重要认识。

游历需要文才,还需要资金、体力的支撑。不具备这些条件的人,是否就无法提高、无以成才了呢?答案是否定的。文章最后说"然吾闻古之贤士,若颜回、原宪皆坐守陋室,蓬蒿没户,而志意常充然,有若囊括于天地者。此其故何也?得无有出于山水之外者乎?"结论是即便"坐守陋室",只要心有山川,也照样可以修身养性,成为贤士。这其实是对陈庭学提出了劝诫:不要把游览名山大川当作提高自己的唯一途径。这是本文传递的又一个重要认识,而且是更有启发性的认识。

"读万卷书,行万里路",是我们的追求;无法行万里路时,"读万卷书"也是我们的追求。社会生活五彩缤纷,社会实践多种多样,只要有心,只要善于学习,成才之路就在你的脚下。

译 文

(我国)西南一带的山水,只四川境内最为奇特。但那里与中原一带相距万里之遥,陆路上有剑阁、栈道之类的险阻;水路上有瞿塘峡、滟滪堆之类的忧虑。骑着马走,沿路层层竹林遮蔽高山,连续十来天,仰头看不到山顶;登上高处往下俯瞰,绝险的山谷有几万尺深,茫茫渺渺看不到谷底,令人惊恐万状,肝胆颤抖。乘船在水中行,江水悍猛,礁石尖利,波涛险恶,漩涡诡异,船只一旦稍微失去控驭,偏离航道仅有尺寸大小,就被撞得粉碎像泥土般下沉,(船中人)便喂饱了江中鱼鳖之腹,通往四川的道路艰难到这种地步。因此,不是做官出仕富有财力的人不能前往游历;不是天生富有文才的人,即使游览了也无所得;不是身壮体强的人,大多老死在那里。喜欢寻奇探胜的人因而心存憾恨。

天台陈庭学君,会写诗。他由中书左司掾,屡次随从大将北征,颇有功

劳,升任四川都指挥司照磨,从水路到了成都。成都,是四川的要地,扬雄、司马相如、诸葛亮等名人住过的地方。入川后,凡是英雄俊杰争战攻取、驻扎戍守的遗迹,诗人文士游览登临、饮酒射投、赋诗咏诗、歌唱呼啸的处所,庭学没有不去游历观览的。他既经游览,就必定写诗抒发感受,来记写那景物时世的变迁。于是他的诗歌愈加工妙。过了三年,庭学依照惯例辞官归家,在京城和我会遇。他的精神更加饱满,言谈愈发宏壮,志向意趣益加高远,这大概是因为在川蜀山水中得到了很多的助益吧。

我很惭愧,当我年轻的时候,曾经有出外游历天下的志愿,但是因为学业未成,没有空闲的时间。到了壮年可以出游时,四面八方战火纷飞,没有落脚的地方。及至当今,圣明天子兴起天下安定,远到海边,合为一家,而我已经年龄更大了。想要再像庭学君那样去游历,还能够实现吗?

不过,我听说古代的贤士,如孔子的弟子颜回、原宪等,大都坐守乡间甘居陋室,蓬蒿杂草遮没了门户,但他们的志向意趣却经常是很充沛的,好像他们的胸中存在足以包容天地万物的精神力量。这是什么原因呢?莫非有超出于山水之外的东西吗?希望庭学君归去之后,尝试探求一番。如果有什么新的体会,就请把它告诉给我,我将不仅仅因为庭学曾经游历川蜀这一点而惭愧了。

始于足下

老子的《道德经》说："合抱之木，生于毫末；九层之台，起于累土；千里之行，始于足下。"老子用大树的成长、高台的修筑和远行的脚步作喻，说明做任何事情、干任何工作，都得从头做起，从小事做起，不要急于求成，更不能拔苗助长。其中尤以"千里之行，始于足下"最为生动、贴切，易使人产生联想，因而传播最为广泛，成为人们耳熟能详的成语，成为人们起点的嘱托和再出发的力量。

的确，再长的路，一步步也能走完；再短的路，不迈开双脚也无法到达。成功不是将来才有的，而是从决定去做的那一刻起，持续累积而成的。无论做什么事，都一定要从现在做起，从细微之处做起，从一步步做起，积少成多，促使量变成为质变，从而不断壮大，最终达到成功。"始于足下"，正是对这一成长规律的描绘，它像一个路标，引导人们前行。学子这样行，能取得好成绩；农人这样行，能获得好收成；工人这样行，能建成大工程……失败者这样行，从头再来不灰心。

始于足下，踏石留痕，一步一个脚印……这就是我们的民族、我们的国家、我们的人民！

对古人"始于足下"的智慧，现代人又有了新解，即"成于足下"。意思是说，人生之路遥远漫长，请先不要急于上路，盲目行走。首先要明确梦想的"远方"，从梦想起步，然后向着梦想前进。这样人生之路便会无限延伸，直通你的梦想。你将克服前进路上的一切障碍，一切险阻，直至达到梦想的境地，给人生之路的千里之行画上圆满的句号。

所以，千里之行，也始于"远方"，成于"足下"。

亲爱的同学们，你们的意见呢？

明德·践行

冬夜读书示①子聿②

南宋·陆游

古人学问无遗力③,少壮工夫老始成④。
纸上得来终觉浅⑤,绝知此事要躬行⑥。

【导读】

这是陆游的一首教子诗,也是一首哲理诗。

诗人赞扬了古人刻苦学习的精神以及做学问的艰难。告诫儿子,趁着年少精力旺盛,抓住美好时光奋力拼搏,莫让青春年华付诸东流。强调了做学问不仅要孜孜不倦、持之以恒,而且要亲身实行,不能纸上谈兵。

诗人从书本知识和社会实践的关系着笔,强调实践的重要性,突显其真知灼见。"要躬行"包含两层意思:一是学习过程中要"躬行",力求做到"口到、手到、心到"。二是获取知识后还要"躬行",通过实践化为己有,转为己用。

"纸上得来终觉浅,绝知此事要躬行",饱含诗人深邃的教育思想,也寄托了其对子女的殷切希望。千百年来它广为流传,成为无数文人的座右铭,也成为无数家长的教子良策。

---

① 示:训示、指示。
② 子聿(yù):陆游的小儿子。
③ 学问:指读书学习,就是学习的意思。遗:保留,存留。无遗力:用出全部力量,没有一点保留,不遗余力、竭尽全力。
④ 少壮:青少年时代。工夫:做事所耗费的时间。始:才。
⑤ 纸:书本。终:到底,毕竟。觉:觉得。浅:肤浅,浅薄,有限的。
⑥ 绝知:深入、透彻地理解。行:实践。躬行:亲身实践。

▲合肥财经职业学院校训

译 文

古人做学问是不遗余力的,往往要到老年才取得成就。

从书本上得来的知识,毕竟是不够完善的。如果想要深入理解其中的道理,必须要亲自实践才行。

从军行①

唐·杨炯

烽火照西京②,心中自不平。
牙璋辞凤阙③,铁骑绕龙城④。

---

① 从军行:为乐府《相和歌·平调曲》旧题,多写军旅生活。
② 烽火:古代边防告急的烟火。西京:长安。
③ 牙璋:古代发兵所用之兵符,分为两块,相合处呈牙状,朝廷和主帅各执其半。指代奉命出征的将帅。凤阙:阙名。汉建章宫的圆阙上有金凤,故以凤阙指皇宫。
④ 龙城:又称龙庭,汉时匈奴的要地。汉武帝派卫青出击匈奴,曾在此获胜。这里指塞外敌方据点。

雪暗凋①旗画,风多杂鼓声。
宁为百夫长②,胜作一书生。

【导读】

这首诗借用乐府旧题"从军行"描写一个读书士子从军边塞、参加战斗的全过程。既揭示出人物的心理活动,又渲染了环境气氛,笔力悲怆雄劲。

首先,诗人抓住整个过程中最有代表性的片断,作了概括描写。"烽火照西京",表现军情紧急;"牙璋辞凤阙",描写誓师出征;"铁骑绕",展示龙争虎斗……这些典型的场景,浓缩了投笔从戎、出塞征战的一幅幅画面,令人难忘,感人至深。

其次,诗采取了跳跃式的结构,从一个典型场景跳到另一个典型场景,跳跃式地发展前进。如刚写了辞京,就已经包围了敌人,接着又展示了激烈战斗的场面。这种跳跃式的结构,使诗歌如山崖上飞流惊湍,给人一种一气直下、一往无前的气势。

千里之行"始于足下"而又"成于足下",这首边塞诗《从军行》以"将士征战不畏苦,英勇战斗势如虎"的实绩,为我们作了形象化的诠释。

译 文

烽火照耀京都长安,不平之气油然而生。
辞别皇宫,将军手执兵符而去;围敌攻城,精锐骑兵勇猛异常。
大雪纷飞,军旗黯然失色;狂风怒吼,夹杂咚咚战鼓。
我宁愿做个百夫长为国冲锋陷阵,也胜过当个白面书生只会雕句寻章。

---

① 凋:原意指草木枯败凋零,此指失去了鲜艳的色彩。
② 百夫长:一百个士兵的头目,泛指下级军官。

石钟山①记

北宋·苏轼

《水经》云:"彭蠡②之口有石钟山焉。"郦元③以为下临深潭,微风鼓④浪,水石相搏⑤,声如洪钟⑥。是说⑦也,人常疑之。今以钟磬⑧置水中,虽大风浪不能鸣也,而况石乎!至唐李渤⑨始访其遗踪⑩,得双石于潭上,扣而聆之,南声函胡⑪,北音清越⑫,桴止响腾⑬,余韵徐歇⑭。自以为得之⑮矣。然是说也,余尤⑯疑之。石之铿然⑰有声者,所在皆是⑱也,而此独以钟名,何哉?

---

① 石钟山,在江西湖口鄱阳湖东岸,有南、北二山,在县城南边的叫"上钟山",在县城北边的叫"下钟山"。明清时有人认为苏轼关于石钟山得名由来的说法也是错误的,正确的说法是:"盖全山皆空,如钟覆地,故得钟名。"今人经过考察,认为石钟山之所以得名,是因为它具有钟之"声",又具有钟之"形"。
② 彭蠡:鄱阳湖的又一名称。
③ 郦元:即郦道元,《水经注》的作者。
④ 鼓:振动。
⑤ 搏:击,拍。
⑥ 洪钟:大钟。
⑦ 是说:这个说法。
⑧ 磬:音 qìng,古代打击乐器,形状像曲尺,用玉或石制成。
⑨ 李渤:唐朝洛阳人,写过一篇《辨石钟山记》。
⑩ 遗踪:旧址,陈迹。这里指所在地。
⑪ 南声函胡:南边(那座山石)的声音重浊而模糊。函胡,通"含糊"。
⑫ 北音清越:北边(那座山石)的声音清脆而响亮。越,高扬。
⑬ 桴止响腾:鼓槌停止了(敲击),声音还在传播。桴,音 fú,击鼓的槌。腾,传播。
⑭ 余韵徐歇:余音慢慢消失。韵,这里指声音。徐,慢。
⑮ 得之:找到了这个(原因)。之,指石钟山命名的原因。
⑯ 尤:更加。
⑰ 铿然:铿,音 kēng,敲击金石所发出的响亮的声音。
⑱ 所在皆是:到处都(是)这样。是,这样。

　　元丰①七年六月丁丑②，余自齐安③舟行适临汝④，而长子迈将赴⑤饶之德兴尉，送之至湖口⑥，因得观所谓石钟者。寺僧使小童持斧，于乱石间择其一二扣之，硿硿焉⑦。余固笑而不信也。至莫夜⑧月明，独与迈乘小舟，至绝壁下。大石侧立千尺，如猛兽奇鬼，森然⑨欲搏人⑩；而山上栖鹘⑪，闻人声亦惊起，磔磔⑫云霄间；又有若老人咳且笑于山谷中者，或曰此鹳鹤⑬也。余方心动⑭欲还，而大声发于水上，噌吰⑮如钟鼓不绝。舟人⑯大恐。徐而察之，则山下皆石穴罅⑰，不知其浅深，微波入焉，涵淡澎湃⑱而为此⑲也。舟回至两山间，将入港口，有大石当中流⑳，可坐百人，空中㉑而多窍㉒，与风水相吞吐，有窾坎镗鞳㉓之声，与向之噌吰者相应，如乐作焉。因笑谓迈曰："汝识之乎㉔？噌吰者，周景王之无射㉕也；窾坎

---

① 元丰：宋神宗的年号。
② 六月丁丑：农历六月初九。
③ 齐安：在今湖北黄州。
④ 临汝：即汝州（今河南临汝）。
⑤ 赴：这里是赴任、就职的意思。
⑥ 湖口：今江西湖口。
⑦ 硿硿焉：硿，音 kōng，硿硿地（发出响声）。焉，相当于"然"。
⑧ 莫夜：莫，音 mù，晚上。莫，通"暮"。
⑨ 森然：形容繁密直立的样子。
⑩ 搏人：捉人，打人。
⑪ 栖鹘：宿巢的老鹰。鹘，音 hú，鹰的一种。
⑫ 磔磔：磔，音 zhé，鸟鸣声。
⑬ 鹳鹤：水鸟名，似鹤而顶不红，颈和嘴都比鹤长。
⑭ 心动：这里是心惊的意思。
⑮ 噌吰：音 chēng hóng，这里形容钟声洪亮。
⑯ 舟人：船夫。
⑰ 罅：音 xià，裂缝。
⑱ 涵淡澎湃：波浪激荡。涵淡，水波动荡。澎湃，波浪相激。
⑲ 为此：形成这种声音。
⑳ 中流：水流的中心。
㉑ 空中：中间是空的。
㉒ 窍：窟窿。
㉓ 窾（kuǎn）坎镗（táng）鞳（tà）：窾坎，击物声。镗鞳，钟鼓声。
㉔ 汝识之乎：你知道那些（典故）吗？识，音 zhì，知道。
㉕ 周景王之无射：《国语》记载，周景王二十三年（前522）铸成"无射"钟。射，音 yì。

镗鞳者，魏庄子之歌钟①也。古之人不余欺也②！"

　　事不目见耳闻，而臆断③其有无，可乎？郦元之所见闻，殆④与余同，而言之不详；士大夫终不肯以小舟夜泊绝壁之下，故莫能知；而渔工水师⑤虽知而不能言⑥。此世所以不传也⑦。而陋者⑧乃以斧斤考击而求之⑨，自以为得其实⑩。余是以记之，盖叹郦元之简，而笑李渤之陋也。

【导读】

　　本篇是宋代文学大家苏轼游石钟山后所写的一篇考察性游记。文章通过对石钟山得名由来的探究，强调要认识事物的真相，必须亲力亲为，不能仅凭道听途说，主观臆断。

　　文中首先提出石钟山得名由来的两种说法，以及对这两种说法的质疑。接着叙述了月夜对石钟山进行的实地考察，探明其得名由来，证实并补充了郦道元的说法，否定了李渤的说法。最后作者抒发了探明真相以后的感想，表明写作的意图。

　　文中分析了世人不能准确知道石钟山得名由来的原因有三：郦道元的说法虽然正确，可惜"言之不详"，致使"人常疑之"；士大夫不作实地考察，"终不肯以小舟夜泊绝壁之下，故莫能知"；"渔工水师"虽知而不能为文。最后以反问的方式提出：事不目见耳闻，而臆断其有无，可乎？答案是十分明确的：不可！

---

① 魏庄子之歌钟：《左传》记载，鲁襄公十一年（前561）郑人以歌钟和其他乐器献给晋侯，晋侯分一半赐给晋大夫魏绛。庄子，魏绛的谥号。歌钟，古乐器。
② 古之人不余欺也：古人（称这山为"石钟山"）没有欺骗我啊！
③ 臆断：根据主观猜测来判断。臆，胸。
④ 殆：大概。
⑤ 渔工水师：渔人（和）船工。
⑥ 言：指用文字表述、记载。
⑦ 此世所以不传也：这（就是）世上（石钟山得名由来）没有流传下来的缘故。
⑧ 陋者：浅陋的人。
⑨ 以斧斤考击而求之：用斧头敲打石头的办法来寻求（石钟山得名的）原因。考，敲击。
⑩ 实：指事情的真相。

全文夹叙夹议,通过典型事例分析,说明主观臆断不足取,道听途说不可信,绝知事物"要躬行"。可见,践行的观点,亲力亲为的观点,即使在古人的眼中也是十分重要的啊!

译 文

《水经》说:"鄱阳湖的湖口有一座石钟山在那里。"郦道元认为石钟山下面靠近深潭,微风吹动波浪,水和石头互相拍打,发出的声音好像大钟一般。这个说法,人们常常怀疑它。如果把钟磬放在水中,即使大风大浪也不能使它发出声响,何况是石头呢!到了唐代李渤才访求石钟山的旧址。在深潭边找到两块山石,敲击它们,聆听它们的声音,南边那座山石的声音重浊而模糊,北边那座山石的声音清脆而响亮,鼓槌停止了敲击,声音还在传播,余音慢慢地消失。他自己认为找到了这个石钟山命名的原因。但是这个说法,我更加怀疑。敲击后能发出声响的石头,到处都是,可唯独这座山用钟来命名,这是为什么呢?

元丰七年六月初九,我从齐安坐船到临汝去,大儿子苏迈将要去就任饶州德兴县的县尉,我送他到湖口,因而能够看到所说的石钟山。庙里的和尚让小童拿着斧头,在乱石中间选一两处敲打它,发出"硿硿"的声响,我当然觉得很好笑并不相信。到了晚上月光明亮,特地和苏迈坐着小船到断壁下面。巨大的山石倾斜地立着,有千尺之高,好像凶猛的野兽和奇异的鬼怪,阴森森地想要攻击人;山上宿巢的老鹰,听到人声也受惊飞起来,在云霄间发出磔磔声响;又有像老人在山谷中咳嗽并且大笑的声音,有人说这是鹳鹤。我正心惊想要回去,忽然巨大的声音从水上发出,声音洪亮像不断地敲钟击鼓。船夫很惊恐。我慢慢地观察,山下都是石穴和缝隙,不知它们有多深,细微的水波涌进那里面,水波激荡因而发出这种声音。船回到两山之间,将要进入港口,有块大石头正对着水的中央,上面可坐百来个人,中间是空的,而且有许多窟窿,把清风水波吞进去又吐出来,发出窾坎镗鞳的声音,同先前噌吰的声音相互应和,好像音乐演奏。于是我笑着对苏迈说:"你知道那些典故吗?那'噌吰'的响声,是周景王无射钟的声音;'窾坎镗鞳'的响声,是魏庄子歌钟的声音。古人没有欺骗我啊!"

任何的事情不用眼睛看不用耳朵听,只凭主观臆断去猜测它有或没有,可以吗?郦道元所看到的、所听到的,大概和我一样,但是描述它不详细;士大夫终究不愿划着小船在夜里停泊在悬崖绝壁的下面,所以没有谁能知道;渔人和船夫,虽然知道石钟山命名的真相却不能用文字记载。这就是世上石钟山得名由来没有流传下来的原因。然而浅陋的人竟然用斧头敲打石头来寻求石钟山得名的原因,自以为得到了石钟山命名的真相。我因此记下以上的经过,叹惜郦道元记载的简略,嘲笑李渤的浅陋。

南村辍耕录①·序(节选)

明·孙作②

余友天台陶君九成,避兵三吴间,有田一廛③,家于松南,作劳之暇,每以笔墨自随。时时辍耕休于树阴,抱膝而啸④,鼓腹而歌。遇事肯綮⑤,摘叶书之,贮一破盎⑥,去则埋于树根,人莫测焉。如是者十

---

① 《南村辍耕录》亦名《辍耕录》,共30卷,是历史琐闻笔记,以元代为主,宋代为次,主要记载元代典章制度、艺文逸事、戏曲诗词、风俗民情、农民起义等史料。作者为陶宗仪(1329—约1412年),字九成,号南村,浙江黄岩(今清陶乡)人。元末明初文学家、史学家。自幼刻苦攻读,广览群书,因而学识渊博,工诗文,善书画,成语"积叶成书"讲述的便是他的故事。
② 孙作:明初诗文家,学者,藏书家。字大雅,孙权四弟孙匡的后人,江阴人。号东家子,学者称清尚先生。他本人也曾著《东家子》十二篇,属于明初文人士大夫中的主流派人物。他对《南村辍耕录》的称许,在一定程度上反映了当时士大夫中的普遍看法。
③ 廛:音 chán,古代一家之居,即2亩半。
④ 抱膝而啸:抱着膝盖在山林中仰天长啸。啸:一种歌吟方式,啸不承担切实的内容,不遵守既定的格式,只随心所欲地吐露出一派风致、一腔心曲,因此特别适合于乱世名士。
⑤ 肯綮:典故名,典出《庄子集释》卷二上《内篇·养生主》:"肯,着骨肉。綮,犹结处也。"后遂以"肯綮"指筋骨结合的地方,比喻要害或最重要的地方。
⑥ 盎:本义为腹大口小的盛物,洗物的瓦盆。

载，遂累盎至十数。一日，尽发其藏，俾门人小子萃而录之①，得凡若干条，合三十卷，题曰《南村辍耕录》。上兼六经百氏之旨，下极稗官小史之谈，昔之所未考，今之所未闻。其采摭②之博，侈于《白贴》；研核之精，拟于洪《笔》③。论议抑扬，有伤今慨古之思；铺张盛美，为忠臣孝子之劝。文章制度，不辨而明。疑似根据④，可览而悉。

【导读】

本篇为《南村辍耕录》的序，为明初诗文家孙作撰写。据序所载陶宗仪勤于读书，勤于写作，他身上总是随身带着笔墨，就是下田劳作也不例外。辍耕时，在树下休息，就将收集到的各类史料、文献、资料，以及社会传闻、读书心得等记下来，将稿子存在瓮中。前后写了10年，积了十多瓮稿子。后来在学生的帮助下，抄录编纂，整理成书，共30卷，名《南村辍耕录》。

这就是成语"积叶成文"的由来。一片树叶还不如巴掌大，上面写不了几个字，但树叶虽小，积少能成多。虽然收藏10年树叶书稿的可信度几乎微乎其微——姑且不去争论此事的真实性，但民间传说表达了人们对陶宗仪勤奋的由衷赞誉。我们做任何事都应该从小事做起，在细微点滴之间，必能有所收获。

译 文

我的一个天台的朋友叫陶九成，为躲避战乱而移居在三吴间。有田产和房屋，家在松南之地。劳作闲暇之时，会用随身带的笔墨写作，辍耕时，常常在树荫下休息，抱着膝盖在山林中仰天长啸，一边拍肚皮，一边唱歌。遇到事情关键重要之处，则随手摘下树叶记下来，把它藏于一破罐中，埋于树根

---

① 俾门人小子萃而录之：俾，门侍人。萃：聚集，聚拢。
② 采摭：采集摘录。
③ 拟于洪《笔》：释义是大笔，比喻擅长写文章。
④ 疑似根据：如果，譬如。

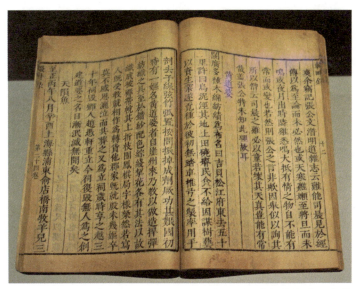

▲《南村辍耕录》书影

处,人们都不知道他到底要干什么。如此,经过十年,居然累积了数十个罐子。有一天,他让门人子弟将其所藏之罐全部发掘出来,指导他们分门别类,抄录整理,得到许多内容,总共有30卷,取名为《南村辍耕录》。这本书上兼及六经百家之要义,下包括小说野史之言谈,都是从前未曾考证而今日未曾听闻过的。采集摘录的内容非常广博,多过《白贴》;研究核对之精准,效仿于《笔》。(文章)议论褒贬,有追念古代、感怀当今之思;铺叙渲染盛美,皆为忠臣孝子之劝言。文章和制度,通过试行自然明辨优劣。根据此间记录,(我们)可以了解而熟悉。

明德·践行

锲不而舍

《荀子·劝学篇》云："锲而不舍，金石可镂。"，意思是坚持不懈，不停地雕刻，就连金属和石头那么坚硬的东西都可以镂穿。喻指有恒心、有毅力，持之以恒，终能成功。

而《战国策·秦策》有"行百里者，半于九十"的名言，意思是走一百里路，走了九十里才算走一半，喻指做事情愈接近成功愈困难，因此更要努力，更谨慎。

"锲而不舍"的努力和"行百里者，半于九于"的坚持，都是实践过程中必须具备的精神品质。有之，则事业必兴；缺之，则万事难成。人们常说，明理易，践行难；初始易，善终难。充分说明"坚持"和"努力"的难能可贵。

在当代，"锲而不舍""行百里者，半于九于"是"大国工匠"所必备的精神特质，这是因为学习技艺是一个由少到多、由浅入深逐渐积累的过程，精湛的技艺更需心无旁骛，潜心钻研，数十年如一日地坚守。欲成良匠，非精心钻研不可，非痴心坚守不可！

"艺痴者技必良"，中国自古有之，今天应该使之更盛之。

荀子·劝学（节选）①

积土成山，风雨兴焉②。积水成渊③，蛟龙生焉④。积善成德，而神明自得⑤，圣心备焉。故不积跬步⑥无以至千里⑦，不积小流，无以成江海。骐骥一跃⑧，不能十步；驽马十驾⑨，功在不舍⑩。锲而舍之⑪，朽木不折；锲而不舍，金石可镂⑫。蚓无爪牙之利，筋骨之强，上食埃土，下饮黄泉，用心一也⑬。蟹六跪而二螯⑭，非蛇鳝之穴无可寄托者，用心躁也⑮。

【导读】

劝学，就是鼓励学习。荀子的劝学篇系统地论述了学习的理论、内容、方法、途径等，是儒家的一篇经典之作。

---

① 《荀子》是荀况的著作集。今存32篇。荀况，当时人尊称为荀卿。
② 兴：起，兴盛。焉：于之，在那里。
③ 渊：深水。
④ 蛟：一种似龙的动物。
⑤ 而：表因果关系。神明：精神智慧。得：获得。
⑥ 跬：古代的半步。古代称跨出一脚为"跬"，跨两脚为"步"。
⑦ 无以：没有用来……的（办法）。
⑧ 骐骥：骏马，千里马。
⑨ 驽马十驾：劣马拉车连走十天（也能走得很远）。驽马，劣马。驾，马拉车一天所走的路程叫"一驾"。
⑩ 功在不舍：（它的）成功在于不停止。舍，停。
⑪ 锲：用刀雕刻。
⑫ 金石可镂：金，金属。石，石头。镂：原指在金属上雕刻，泛指雕刻。
⑬ 用心一也：（这是）因为用心专一（的缘故）。用，以，因为。
⑭ 六跪：六条腿，蟹实际上是八条腿。跪，蟹脚。（一说，海蟹后面的两条腿只能划水，不能用来走路或自卫，所以不能算在"跪"里。另一说，"六"为虚指。）螯：螃蟹的大钳子。
⑮ 躁：浮躁，不专心。

▲ 荀子《劝学》

"锲而不舍"即持续不断地雕刻，纵然坚硬无比的金石亦可被穿透；如若不然，即使掰即可断的朽木也无法折断。荀子通过正反比喻，说明学习必须持之以恒、用心专一的道理。

荀子重视"积"，他认为，要学有所成，必须坚持不懈地进行积累。"人之所积"，可为圣人，正所谓习惯成自然。

荀子也重视"不舍"，他认为，"驽马十驾，功在不舍"，只有不放弃、不舍弃，才能功到自然成。而要做到"不舍"，那就必须专一，不能浮躁。

同学们，这些话能引起你的共鸣吗？

译 注

堆积土石成了高山，风雨就从这里兴起了；汇积水流成为深渊，蛟龙就从这里产生了；积累善行养成高尚的品德，自然会心智澄明，也就具有了圣人的精神境界。所以不积累一步半步的行程，就没有办法达到千里之远；不积累细小的流水，就没有办法汇成江河大海。骏马一跨跃，也不足十步远；劣马拉车走十天（也能到达），它的成绩源于走个不停。（如果）刻几下就停下来了，（那么）腐烂的木头也刻不断。（如果）不停地刻下去，（那么）金石也能雕刻成功。蚯蚓没有锐利的爪子和牙齿，没有强健的筋骨，却能向上吃到泥土，向下可以喝到土壤里的水，这是由于它用心专一啊。螃蟹有六条腿，两个蟹钳，（但是）如果没有蛇鳝的洞穴它就无处存身，这是因为它用心浮躁啊。

庄子·人间世（节选）①

且以巧斗力者，始乎阳，常卒乎阴；大②至，则多奇巧。以礼饮酒者，始乎治③，常卒乎乱；大至，则多奇乐。凡事亦然，始乎谅，常卒乎鄙；其作始也简，其将毕也必巨。

【导读】

《人间世》是一本记录庄子思想的书，其中心是讨论处世之道，既有处人与自处的人生态度，也有处世的哲学观点。

节选部分庄子用日常生活中常见的事例引出简单质朴的道理：摔跤技巧，由明招至暗招；饮酒宴请，由礼仪到酗乱。——凡事总是善始容易，善终难。因此，不管是日常生活的行为举止，还是做人做事的态度方法，都要尽可能地经常提醒、约束自己，做到一以贯之，有始有终或善始善终。这样才能不断地跨越障碍，超越自我。

---

① 《庄子》：庄子及其后学所著，反映了庄子的批判哲学、艺术、美学、审美观等。其内容丰富，博大精深，涉及哲学、人生、政治、社会、艺术、宇宙生成论等诸多方面。
② 大：音（tài），本亦作"泰"。
③ 治：尊卑有别，旅愁有次。

译 文

凭借技巧一起摔跤的人,起首总是用明招儿,往往到后来就用暗招儿;到了极点,就用尽更多奇异的技巧。按照礼书一起吃酒的人,起首总是有序有列,经常是到了后来就失态无顾;到了极点,就放纵狂饮了。一般的事情都是如此,起首总是有礼有节,到后来往往就要起粗野来。事情起始时都比较简单,到终了时,就必然要复杂起来。

战国策·秦策五(节选)①

谓秦王②曰:"臣窃惑王之轻齐易楚,而卑畜韩也。臣闻,王兵胜而不骄,伯主约而不忿。胜而不骄,故能服世;约而不忿,故能从邻。今王广德魏、赵而轻失齐,骄也;战胜宜阳,不恤楚交,忿也。骄、忿非伯主之业也,臣窃为大王虑之而不取也。"

《诗》云:"'靡不有初,鲜克有终。'③故先王之所重者,唯始与终。何以知其然?昔智伯瑶残范④、中行,围逼晋阳⑤,卒为三家笑⑥;吴王夫差栖越于会稽⑦,胜齐于艾陵⑧,为黄池之遇⑨,无礼于宋⑩,遂与勾

---

① 《战国策》是一部国别体史学著作,又称《国策》。记载了西周、东周及秦、齐、楚、赵、魏、韩、燕、宋、卫、中山各国之事,纪事年代起于战国初年,止于秦灭六国,约有240年的历史。
② 秦王:秦武王。
③ 靡不有初,鲜克有终:出自《诗经·大雅·荡》。
④ 智伯瑶:一作"知伯",春秋末期人,晋国六卿之一。公元前458年,灭六卿中的范氏、中行氏。
⑤ 晋阳:赵氏都城,在今山西太原西南。
⑥ 三家:指韩、赵、魏。
⑦ 吴王夫差:春秋吴国国君,公元前495—前473年在位。越:指越王勾践。会(kuài)稽:山名。在今浙江境内。
⑧ 艾陵:在今山东莱芜东北。
⑨ 黄池:在今河南封丘西南。
⑩ 无礼于宋:吴王杀掉宋国大夫,囚禁宋国妇女。

践禽①,死于干隧②;梁君伐楚胜齐③,制赵、韩之兵,驱十二诸侯以朝天子于孟津④,后子死,身布冠而拘于齐。三者非无功也,能始而不能终也!"

"今王破宜阳,残三川,而使天下之士不敢言;雍天下之国,徙两周之疆,而世主不敢交;塞阳侯⑤,取黄棘⑥,而韩、楚之兵不敢进。王若能为此尾,则三王不足四,五伯不足六;王若不能为此尾,而有后患,则臣恐诸侯之君,河、济之士,以王为吴、智之事也。"

"诗云⑦:'行百里者半于九十。'此言末路之难。今大王皆有骄色,以臣之心观之,天下之事,依世主之心,非楚受兵,必秦也。何以知其然也?秦人援魏以拒楚,楚人援韩以拒秦。四国之兵敌而未能复战也。齐、宋在绳墨之外以为权⑧,故曰先得齐、宋者伐秦。秦先得齐、宋,则韩氏铄⑨;韩氏铄,则楚孤而受兵也。楚先得齐,则魏氏铄;魏氏铄,则秦孤而受兵矣。若随此计而行之,则两国者必为天下笑矣。"

【导读】

此篇为"行百里者半于九十"典故的出处,该典故意思是,行百里路,走了九十里,也只能算走了一半而已。喻指做事情越接近成功越困难,越关键,越要坚持到底。很多人开始时总是雄心壮志,宏图远大,可是随着时间的推移,慢慢就没有了动力,没有了毅力,没有了决心,最后草草了事,功亏一篑,令人扼腕痛惜。

本篇还引用了一个相似的成语"靡不有初,鲜克有终"。语出《诗

---

① 勾践:春秋末越国国君,公元前497—前465年在位。
② 干隧:地名。地址在今江苏吴县西北四十里阳山下。
③ 梁君:梁惠王,公元前369—前319年在位。
④ 十二诸侯:又称泗上十二诸侯,分布在泗水流域的一些小国家。孟津:在今河南孟津东北。
⑤ 阳侯:要塞名。在今山东沂水南。
⑥ 黄棘:在今河南新野东北。
⑦ 诗云:"诗"当作"语",指相传的古语。
⑧ 权:援助之势,能轻重四国之间。
⑨ 铄(shuò):削弱。

经·大雅》，意思是说人们不是没有良好的初心，但是很少有人能够有良好的结局。告诫人们，如果忘记初心，最后往往不会有好的结局。

两个成语异曲同工，既是古人的智慧，也是今人的警钟！切记：如果没有韧劲，没有坚持到底的精神，高涨的热情会转冷，火热的激情会变凉，最后遗留下来的只能是一片狼藉的沙滩和难以收拾的残局。

《左传》有言："禹、汤罪己，其兴也勃焉；桀、纣罪人，其亡也忽也。"纵览历史风云，细品王朝兴衰，我们惊奇地发现：历代王朝创造繁荣的过程极为相似，其衰亡也经历了惊人相似的轨迹。概言之，兴盛之初，势不可当；衰亡之时，突如其来。

道理虽然简单，但历史往往惊人相似地重演。小至个人、家庭、团体，大到民族、国家，都必须对此抱有警惕之心。

译　文

有人对秦王说："我私下感到不解的是，大王为什么要轻视齐、楚而小看韩国。我听说王者战胜而不骄傲，霸主主持盟约而不急躁。战胜而不骄傲，所以能使诸侯悦服；主盟而不急躁，所以能使盟国顺从。如今大王重视拉拢魏、赵，把失去齐国交谊不放在心上，这就是因为骄傲之故；攻克宜阳，不顾楚国的交谊，这就是盛气凌人。骄傲、放肆不是王者和霸主所应有的风范，我私下为大王考虑，这种做法是不可取的。"

《诗经》上说："'开头都很好，但少有保持到最后的。'所以先王看重的就是有始有终。为什么知道是这样呢？从前智伯瑶灭掉范氏、中行氏，围攻晋阳，但终于失败，被韩、赵、魏三家所笑；吴王夫差迫使越王退守会稽山，在艾陵战胜齐国，召集黄池盟会，对宋国没有礼貌，终被勾践制服，死在干隧；魏惠王攻打楚国，战胜齐国，控制赵、韩的军力，带领泗上十二诸侯，在孟津朝见周天子，但后来太子申战死，只好戴上布冠向齐国屈服。上述三人不是没有战功，但都只有好的开头而不能善终啊！"

"现在大王占领宜阳,横扫三川,使天下的人不敢开口议论;切断诸侯的联系,缩小了两周的疆土,使诸侯不敢交往;堵塞阳侯隘口,夺取黄棘,而韩、楚的部队不敢前进。大王如果能贯彻到底,就能建立称王称霸的大业。大王如果不能善始善终,就会有灭亡的祸患,我担心各国的君主和知名人士会使大王步吴王夫差和智伯瑶的后尘。"

"古语说:'百里的路程,九十里只算到了一半。'这是说走完最后一程的困难。现在大王频频表现出骄傲的情绪,以我的愚见看来,天下的事情,照诸侯的想法,不是攻楚,便是攻秦。为什么知道会是这样呢?秦国援助魏国以抗御楚国,楚国援助韩国以抗御秦国。四国的兵力相当,不敢再轻易开战。齐、宋置身事外,举足轻重。所以说,先取得齐、宋支持的就可攻伐秦国。秦先拉拢齐、宋,韩国就会被削弱,韩国削弱了,楚国就会孤立而受到攻击。楚先拉拢齐、宋,魏国就会被削弱,魏国削弱了,秦国就会孤立而受到攻击。如果按照这个办法去做,秦、楚两国定会成为天下的笑柄了。"

赠元发弟放言

宋·黄庭坚[1]

亏功一篑,未成丘山[2]。
凿井九阶,不次水泽[3]。

---

[1] 黄庭坚(1045—1105年):字鲁直,号山谷道人,晚号涪翁,洪州分宁(今江西省九江市修水县)人,北宋著名文学家、书法家、盛极一时的江西诗派开山之祖,与杜甫、陈师道和陈与义素有"一祖三宗"(黄庭坚为其中一宗)之称。

[2] 篑:盛土的竹筐。《旅獒》:"为山九仞,功亏一篑。"《论语》:子曰:"譬如为山,未成一篑,止,吾止也。譬如平地,虽覆一篑,进,吾往也。"

[3] 《孟子》曰:"有为者,譬若掘井。掘井九仞,而不及泉,犹为弃井也。"

行百里者半九十①，小狐汔济濡其尾②。

故曰时乎，时不再来，终终始始，是谓君子。

【导读】

"放言"是不受约束，畅所欲言。本篇体现了黄庭坚的诗学主张——化用典故，说明思想。

全诗共用四个典故："功亏一篑，未成丘山"，出自《尚书》；"凿井九阶，不次水泽"，出自《孟子》；"行百里者半九十"，出自《战国策》；"小狐汔济濡其尾"，出自《易经》。据此，作者发出感慨：时机稍纵即逝，时不我待，君子应该抓住时机，谨慎行事，善始善终。

这首诗好比一篇"微评论"，先列出四条论据，然后水到渠成地得出结论，言之凿凿，理由充分，令人信服。

同学们，关于四个典故的内容，你清楚吗？习近平总书记曾在十九大报告中引用过其中的一个，你知道是哪个吗？

聆听经典诗词，汲取精神力量！

译 文

最后一筐土石不倒在山顶上，就会造山失败。挖井九仞，不触及水源，也不会成功。一百里的路程，走到九十里也只能算是才开始一半而已。小狐狸只能等到河川干涸，才能渡过。时间一旦过错，就不会再回来。有始有终，才能称其为君子。

---

① 见前文《战国策·秦五·谓秦王》。此言末路之难。
② 汔（qì）：水干涸。济：渡。小狐不能涉大川，须汔然后乃能济。此言始之易，终之难。

观书有感

南宋·朱熹①

半亩方塘一鉴开②，天光云影共徘徊③。
问渠那得清如许④？为有源头活水来⑤。

【导读】

这是一首借景喻理的名诗。题为"观书有感"，意在表达治学读书的感受。池塘之所以如明镜般清澈见底、映照天光云影，是因为有源头活水的注入。恰如，读书需思路开阔、心灵澄澈、不断接受新知识。不仅读书，其实做世间所有事情不都需如此吗？要想始终如一地坚持下去，就必须不断地开阔思路，寻找启发，尤其当遇到瓶颈、困局时，更应如此。

译 文

半亩大的方形池塘像一面镜子一样打开，天之清澈、云之幻影在镜子里相互闪动。要问池塘里的水为何那般清澈，是因为有永不枯竭的源头输送着源源不断的水流。

---

① 朱熹（1130—1200 年）：字元晦，又字仲晦，号晦庵，晚称晦翁，谥文，世称朱文公。祖籍徽州府婺源县（今江西省婺源），出生于南剑州尤溪（今属福建省尤溪县）。宋朝著名的理学家、思想家、哲学家、教育家、诗人。
② 方塘：又称半亩塘，在福建尤溪城南郑义斋馆舍（后为南溪书院）内。鉴：一说为古代用来盛水或冰的青铜大盆。也有学者认为其指镜子，指像鉴（镜子）一样可以照人。
③ 徘徊：来回移动。
④ 为：因为。渠：它，第三人称代词，这里指方塘之水。那得：怎么会。那：怎么的意思。清如许：这样清澈。如：如此，这样。清：清澈。
⑤ 源头活水：比喻知识是不断更新和发展的，从而不断积累，只有在人生的学习中不断地学习、运用和探索，才能使自己永保先进和活力，就像水源头一样。

曾国藩家书·致诸弟（节选）①

四位老弟足下：

前月寄信，想已接到。余蒙祖宗遗泽②、祖父教训，幸得科名，内顾无所忧，外遇无不如意，一无所触矣。所望者，再得诸弟强立，同心一力，何患令名之不显？何患家运之不兴？欲别立课程，多讲规条，使诸弟遵而行之，又恐诸弟习见而生厌心；欲默默而不言，又非长兄督责之道。是以往年常示诸弟以课程，近来则只教以有恒二字。所望于诸弟者，但将诸弟每月功课写明告我，则我心大慰矣。

乃诸弟每次写信，从不将自己之业写明，乃好言家事及京中诸事。此时家中重庆③，外事又有我料理，诸弟一概不管可也。以后写信，但将每月作诗几首，作文几首，看书几卷，详细告我，则我欢喜无量。诸弟或能为科名中人，或能为学问中人，其为父母之令子一也，我之欢喜一也。慎弗以科名稍迟，而遂谓无可自力也。如霞仙今日之身分，则比等闲之秀才高矣。若学问愈进，身分愈高，则等闲之举人、进士又不足论矣。

学问之道无穷，而总以有恒为主。兄往年极无恒，近年略好，而犹未纯熟。自七月初一起至今，则无一日间断。每日临帖百字，抄书百字，看书少亦须满二十页，多则不论。自七月起至今，已看过《王荆公文集》④百卷，《归震川文集》⑤四十卷，《诗经大全》二十卷，《后汉书》百卷，皆朱笔加圈批。虽极忙，亦须了本日功课，不以昨日耽搁而今日补

---

① 曾国藩（1811—1872年）：初名子城，字伯涵，号涤生，宗圣曾子七十世孙。中国近代政治家、战略家、理学家、文学家，湘军的创立者和统帅。
② 遗泽：祖辈遗留下来的恩泽。
③ 重庆：旧时指祖父母、父母健在。
④ 王荆公：宋代政治家王安石。
⑤ 归震川：明代学者归有光。

做，不以明日有事而今日预做。诸弟若能有恒如此，则虽四弟中等之资，亦当有所成就，况六弟、九弟上等之资乎？

明年肄业之所，不知已有定否？或在家，或在外，无不可者。谓在家不可用功，此巧于卸责者也。吾今在京，日日事务纷冗，而犹可以不间断，况家中万万不及此间之纷冗乎？树堂、筠仙自十月起，每十日作文一首，每日看书十五页，亦极有恒。诸弟试将《朱子纲目》过笔圈点，定以有恒，不过数月即圈完矣。若看注疏①，每经亦不过数月即完。切勿以家中有事而间断看书之课，又弗以考试将近而间断看书之课。虽走路之日，到店亦可看；考试之日，出场亦可看也。

兄日夜悬望，独此有恒二字告诸弟，伏愿诸弟刻刻留心。幸甚幸甚。

【导读】

这是曾国藩写给其弟温甫、沉甫的家书，着重讲了"有恒"二字，即有恒心，发愤自励；不动摇，不言放弃。

曾氏四个弟弟中，温甫天分最高，沉甫能力最强，曾国藩此番话有的放矢。只要"有恒"，纵然天姿平平，亦能有所成就。正如《列子》"愚公移山"告诉我们的一样，只要持之以恒地做下去，太

▲曾国藩故居

行、王屋二山都可移走，何况平日学习、做事？为人、为学、为事，不妄自菲薄，不盲目抱怨，身体力行，定然会有所成就。

---

① 注疏：后人对前代文章典籍所作注解、疏证。

结草衔环

"结草衔环",也说"衔环结草",由"结草""衔环"二典故并列而成,分别出自《左传》与《续齐谐记》(李贤注引《后汉书·杨震传》)。"结草",是将地上的野草缠绕成结,以绊倒敌人,救助恩人。"衔环",是说受救的黄雀衔来四枚白环,以保恩人世代洁白,身居高位。二典合用,喻指受人恩惠,定当厚报,生死不渝。

感恩知报是中华民族的传统美德,自古就有"投之木瓜,报之桃李""滴水之恩,当涌泉相报","乌鸦尚反哺,羊羔求跪乳"之类的说法。感恩,早已成为中国人日常生活中遵循的道义原则,人们崇尚见义勇为、助人为乐之义举,鄙薄见利忘义、忘恩负义之恶行。对忘恩负义、以怨报德、恩将仇报的人,人们斥之为"小人""禽兽",嗤之以鼻!

"饮水当思源,常怀感恩心"也是当代的风尚、价值的主流。养育之恩、教导之恩、知遇之恩、培养之恩、救助之恩、救命之恩……我们不应该忘记,也不能忘记!

天空会因拥有感恩的云朵,而更加深邃;大海会因汇入感恩的浪花,而更加广博。

诗经·木瓜①

投我以木瓜②，报之以琼琚③。匪④报也，永以为好也！
投我以木桃⑤，报之以琼瑶。匪报也，永以为好也！
投我以木李⑥，报之以琼玖。匪报也，永以为好也！

【导读】

《木瓜》是现今传诵最广的《诗经》名篇之一，是一首通过赠答表达深厚情谊的诗作。与"投桃报李"不同的是，《木瓜》回报的"琼琚""琼瑶""琼玖"比赠与的果子价值要大得多，体现出古人感恩知遇、回馈倍加的情怀。当然，这里回赠的东西及其价值也只是具有象征意义，并非实数，强调的仍然是感激之意。

以"投……报……"为格式的感恩成语，到汉代又出现了"投金报玉"之说。典出张衡《四愁诗》，诗中说："美人赠我金错刀，何以报之英琼瑶？""英琼瑶"，就是精美玉石。从"投桃报李"，到"投木报琼"，再到"投金报玉"，同一格式变换不同的词语，反映古人对感恩精神的重视。其实，这里已无衡量物品厚薄轻重之意，人们想要表达的就是：珍重、理解他人的情意，便是最为高尚的情意；回馈、感谢他人的恩惠，便是最有价值的回报。

---

① 《诗经》是中国古代最早的一部诗歌总集，收集了西周初年至春秋中叶（前11世纪至前6世纪）的诗歌，反映了周初至周晚期约五百年间的社会面貌。经孔子删定，收诗三百零五篇。
② 木瓜：一种落叶灌木（或小乔木），蔷薇科，果实长椭圆形，色黄而香，蒸煮或蜜渍后供食用。按：今粤桂闽台等地出产的木瓜，全称为番木瓜，供生食，与此处的木瓜非一物。
③ 琼琚（jū）：美玉，下"琼玖（jiǔ）""琼瑶"同。
④ 匪：非。
⑤ 木桃：果名，即楂子，比木瓜小。
⑥ 木李：果名，即榠楂，又名木梨。

译 文

你将木瓜投赠我,我拿琼琚作回报。不是为了答谢你,(而是)珍重情意永相好。你将木桃投赠我,我拿琼瑶作回报。不是为了答谢你,(而是)珍重情意永相好。你将木李投赠我,我拿琼玖作回报。不是为了答谢你,(而是)珍重情意永相好。

左传·宣公十五年(节选)①

秋七月,秦桓公②伐晋,次于辅氏③。壬午④,晋侯治兵于稷以略狄土⑤,立黎侯⑥而还。及洛⑦,魏颗⑧败秦师于辅氏。获杜回,秦之力人也⑨。

初,魏武子有嬖妾⑩,无子。武子疾,命颗曰:"必嫁是⑪。"疾病⑫,则曰:"必以为殉⑬。"及卒,颗嫁之,曰:"疾病则乱⑭,吾从其治⑮也。"及辅氏之役,颗见老人结草以亢杜回⑯,杜回踬而颠⑰,故

---

① 《左传》:相传是春秋末年鲁国的左丘明为《春秋》作注解的一部史书,与《公羊传》《谷梁传》合称"春秋三传",也是中国第一部叙事详细的编年体史书,记述范围从公元前722年(鲁隐公元年)至公元前468年(鲁哀公二十七年)。
② 秦桓公:秦共公之子,在位二十八年。
③ 次:临时驻扎和住宿。辅氏:晋国地名,今陕西大荔县东。
④ 壬午:七月二十七日,又推"七月二十九"日。
⑤ 治兵:训练军队,即进行军事演习。稷:晋国地名。略狄土:攻占狄人的土地。略:强取,强占。
⑥ 立黎侯:封立黎侯。
⑦ 洛:晋国地名。
⑧ 魏颗:魏武子之子,晋国大夫。
⑨ 杜回:秦国人名。力人,有大力气的人,即大力士。
⑩ 嬖(bì)妾:宠爱的妾氏。
⑪ 是:指魏武子嬖妾。
⑫ 疾病:病重,病危。
⑬ 以为殉:即"以之为殉",让她殉葬。
⑭ 乱:神志不清。
⑮ 治:相对于乱而言,指神志清醒时说的话。
⑯ 结草:把草打成结。亢:遮拦。
⑰ 踬(zhì):被绊倒,跌倒。颠:倒下。

获之。夜梦之曰："余，而所嫁妇人①之父也。尔用先人之治命②，余是以报。"

续齐谐记·黄雀衔环拜杨宝③

弘农杨宝④，性慈爱。年九岁，至华阴山，见一黄雀为鸱枭⑤所搏，逐树下，伤瘢甚多，宛转复为蝼蚁⑥所困。宝怀之以归，置诸梁上。夜闻啼声甚切，亲自照视，为蚊所啮，乃移置巾箱中，啖以黄花。逮十余日，毛羽成，飞翔，朝去暮来，宿巾箱中，如此积年。忽与群雀俱来，哀鸣绕堂，数日乃去。是夕，宝三更读书，有黄衣童子曰："我，王母使者。昔使蓬莱，为鸱枭所搏，蒙君之仁爱见救，今当受赐南海。"别以四玉环与⑦之，曰："令⑧君子孙洁白，且从登三公⑨，事如此环矣。"宝之孝大闻天下，名位日隆。子震，震生秉，秉生彪，四世名公。及震葬时，有大鸟降，人皆谓真孝招也。

【导读】

此二篇选文，分别为"结草""衔环"的出处，是流传甚广的典故。后人将"结草""衔环"合用或单用，比喻感恩戴德、至死不忘。例如，唐李密《陈情表》："臣生当陨首，死当结草。"元李行道《灰阑记》："多谢大娘

---

① 妇人：指魏武子的嬖妾。
② 用：采纳、执行。先人：指武子。治命：清醒时说的话。
③ 《续齐谐记》：古代中国神话志怪小说集，作者是南朝梁吴均。
④ 杨宝：东汉杨震的父亲，汉代弘农郡人。
⑤ 鸱枭（chī xiāo）：同"鸱鸮"，鸟名，头大，嘴短而弯曲。吃鼠、兔、昆虫等小动物，对农业有益。种类很多，如鸺鹠（xiū liú）、猫头鹰等。
⑥ 蝼蚁：蝼蛄和蚂蚁，借指微小的生物。
⑦ 与：赠与。
⑧ 令：使。
⑨ 三公：中国古代朝廷中最尊显的三个官职的合称，不同的朝代三公的职位不同。

▲ 天津报恩院

子,小人结草衔环,此恩必当中报。"

尽管二典带有比较明显的神话色彩,但其中所展现出来的感恩知报的道德情感,勾勒出中国人人际交往的道德准则。这种准则在数千年的传承中,已经沉淀为中华民族精神文化的重要组成部分。

译 文

秋季七月,秦桓公攻打晋国,驻扎在辅氏。二十七日,晋景公在稷地进行军事演习,强行占取了狄人的土地,立了黎侯,然后返回。到达洛水时,魏颗在辅氏击败秦军,俘获了杜回这个秦国的大力士。

当初,魏武子有一个爱妾,没有生儿子。魏武子生病,吩咐魏颗说:"等我死去以后,一定要把她嫁出去"。病危时,又说:"一定要让她殉葬!"等到魏武子死后,魏颗把她嫁了,说:"病重了就神志不清,我听从他清醒时候的话。"等到辅氏这一役,魏颗看到一个老人把草打成结来遮拦杜回,杜回被绊倒在地,因此被俘了。夜里,魏颗梦见老人说:"我是你所嫁女人的父亲。你执行魏武子清醒时候的命令,我以此作为报答。"

译 文

弘农县的杨宝,性情慈爱。九岁的时候,到了华阴山,看见一只黄雀被猫头鹰搏击,坠到了树下,身上伤痕很多,挣扎中又被蚂蚁所纠缠。杨宝把它救下揣在怀里回到家,放在了屋梁上。杨宝夜里听到它的叫声很悲切,亲自照明看视,发现黄雀被蚊子叮咬了,于是把它转移到了放头巾的小箱子中,用黄花来喂养它。等过了十多天,黄雀羽毛长出来了,能飞翔了,早晨出去傍晚回来,睡在小箱中,就这样过了很久。忽然有一天它带着一群黄雀来了,悲伤地鸣叫着绕着屋子飞,几天后才离去。这天夜里,杨宝三更天读书,见一穿黄衣服的小童说:"我是西王母的使者。以前出使蓬莱,被猫头鹰搏击,承蒙您的仁爱被您救护,现在我要接受赐封到南海去。"临别把四个玉环赠给了杨宝说:"让您的子孙品行清白纯正,并且登上朝廷三公的高位,就像这些玉环一样。"杨宝的仁孝传闻天下,名声和地位日益显赫。杨宝生儿子杨震,杨震生杨秉,杨秉生杨彪,四代都是著名的大臣。到杨震下葬时,有大鸟降临,人们都说这是真孝(感动了天地)招来的。

史记·刺客列传·豫让传[①]

豫让者,晋人也,故尝事范氏及中行氏,而无所知名。去而事智伯,智伯甚尊宠之。及智伯伐赵襄子,赵襄子与韩、魏合谋灭智伯,灭智伯之后而三分其地。赵襄子最怨智伯[②],漆其头以为饮器[③]。豫让遁逃山中,

---

① 《史记》是中国历史上第一部纪传体通史,西汉史学家司马迁所著,记载了自黄帝时代至汉武帝太初年间共3000多年的历史。《史记》全书包括"十二本纪""三十世家""七十列传""十表""八书",共130篇。《史记》被列为"二十四史"之首,对后世史学和文学的发展都产生了深远影响,被鲁迅誉为"史家之绝唱,无韵之《离骚》"。
② 怨:恨,仇恨。
③ 漆其头以为饮器:把他的头盖骨涂以漆作为饮具。

曰:"嗟乎! 士为知己者死,女为说己者容①。今智伯知我,我必为报仇而死,以报智伯,则吾魂魄不愧矣。"乃变名姓为刑人②,入宫涂厕③,中挟匕首,欲以刺襄子。襄子如厕,心动,执问涂厕之刑人,则豫让,内持刀兵,曰:"欲为智伯报仇!"左右欲诛之。襄子曰:"彼义人也,吾谨避之耳。且智伯亡无后,而其臣欲为报仇,此天下之贤人也。"卒释去之④。

居顷之,豫让又漆身为厉⑤,吞炭为哑⑥,使形状不可知,行乞于市。其妻不识也。行见其友,其友识之,曰:"汝非豫让邪?"曰:"我是也。"其友为泣曰:"以子之才,委质而臣事襄子⑦,襄子必近幸子⑧。近幸子,乃为所欲,顾不易邪⑨?何乃残身苦形⑩,欲以求报襄子,不亦难乎!"豫让曰:"既已委质臣事人,而求杀之,是怀二心以事其君也。且吾所为者极难耳!然所以为此者,将以愧天下后世之为人臣怀二心以事其君者也。"

既去,顷之,襄子当出,豫让伏于所当过之桥下。襄子至桥,马惊,襄子曰:"此必是豫让也。"使人问之,果豫让也。于是襄子乃数豫让曰⑪:"子不尝事范、中行氏乎?智伯尽灭之,而子不为报仇,而反委质臣于智伯。智伯亦已死矣,而子独何以为之报仇之深也?"豫让曰:"臣事范、中行氏,范、中行氏皆众人遇我⑫,我故众人报之⑬。至于智伯,国

---

① 以上二句为古成语。说(yuè,悦),同"悦"。喜欢。容,梳妆打扮。
② 刑人:受刑的人。这里犹"刑余之人"即宦者。
③ 涂厕:修整厕所。涂,以泥抹墙。
④ 卒释去之:最终还是把豫让放走了。
⑤ 漆身为厉(lài,赖):以漆涂身,使肌肤肿烂,像患癞病。厉,同"癞"。癞疮
⑥ 吞炭为哑:吞炭为了使声音变得嘶哑。
⑦ 委质:初次拜见尊长时致送礼物。这里有托身的意思。
⑧ 近幸:亲近宠爱。
⑨ 顾不易邪:难道还不容易吗。
⑩ 残身苦形:摧残身体,丑化形貌。
⑪ 数:列举罪过而责之。
⑫ 众人遇我:把我当成一般人对待。
⑬ 众人报之:像对一般人那样报答。

士遇我①，我故国士报之。"襄子喟然叹息而泣曰："嗟乎豫子！子之为智伯，名既成矣，而寡人赦子，亦已足矣。子其自为计，寡人不复释子！"使兵围之。豫让曰："臣闻明主不掩人之美，而忠臣有死名之义。前君已宽赦臣，天下莫不称君之贤。今日之事，臣固伏诛②，然愿请君之衣而击之，焉以致报仇之意，则虽死不恨。非所敢望也，敢布腹心③！"于是襄子大义之，乃使使持衣与豫让。豫让拔剑三跃而击之，曰："吾可以下报智伯矣！"遂伏剑自杀。死之日，赵国志士闻之，皆为涕泣。

【导读】

春秋战国时代，诸侯割据、战火纷飞。"义"成为当时社会的文化象征，君臣之间，以"义"相待；士人之间，以"义"相守。社会上流行着"士为知己者死"的侠士精神。

唐人胡曾说："豫让酬恩岁已深，高名不朽到如今。年年桥上行人过，谁有当时国士心？"

明人方孝孺说："扶危于未乱，而捐躯于既败者，不足以当国士。"

清人赵翼说："自战国豫让、聂政、荆轲、侯嬴之徒，以意气相尚，一意孤行，能为人所不敢为，世竞慕之。"

在当代，人们仍然崇尚"义"，崇尚行侠仗义的精神，但对豫让的评价却有两种。此人知恩图报，侠肝义胆，真的做到了"士为知己者死"，有国士风范；只知报恩而不问是非，是为愚忠；生前不能扶智氏于将倾，死后不能手刃仇人以雪耻，是为无谋。

同学们，你们是什么看法，请说一说。

---

① 国士：国内杰出人物。
② 伏诛：受到应得的死罪。诛，杀死。
③ 敢布腹心：敢于披露心里话。

译 文

豫让,是晋国人,他以前曾经侍奉过范氏和中行氏,但一直没有什么名声。离开中行氏后,前去侍奉智伯,智伯非常尊重他、宠信他。等到智伯出兵讨伐赵襄子的时候,赵襄子和韩、魏联合,一起消灭了智伯;智伯被灭以后,他们将智伯的土地分成三份瓜分了。赵襄子十分痛恨智伯,将智伯的头颅涂上油漆,把它作为饮酒的器皿。豫让逃亡到山中,感叹说:"唉!士人甘愿为了解自己的人献出生命,女子甘愿为喜爱自己的人修饰容颜。如今智伯了解我,我一定要拼死为他报仇,以此来报答智伯,就算死了,灵魂也不会感到羞愧了。"于是豫让改名换姓,伪装成犯罪受刑的人,潜入赵襄子的宫中修整厕所,随身带着匕首,想要刺杀襄子。赵襄子上厕所的时候,心中一惊,就让随从捉住并审问那个粉刷厕所的人,才知道是豫让,身上还藏着短剑,并说:"我要为智伯报仇!"赵襄子的侍从都想要杀死豫让。襄子却说:"这是个有义气的人,我以后谨慎些避开他就行了。何况智伯已经死了,他没有后代,他的家臣想要替他报仇,是天下难得的贤人。"最后释放了他,让他离开。

没过多久,豫让再次全身涂满油漆,让身体溃烂,长满了恶疮,又吞下火炭让自己的声音变得沙哑,使自己的样貌不可辨认,在街上讨饭。他的妻子也不能认出他。路上见到他的朋友,他的朋友认出他,说:"你不是豫让吗?"豫让说:"正是我。"他的朋友流着泪说道:"凭借你的才华,如果能委身前去侍奉赵襄子的话,赵襄子一定会非常宠信您的。等到他宠信您之后,您再去干您想干的事,不就容易了吗?为什么要摧残自己的身体,丑化自己的样貌,想要用这样的办法达到向赵襄子报仇的目的,不也很困难吗!"豫让说:"既然已经侍奉了别人,又想杀死他,这就是心怀不忠之心来服侍他的君主啊。我现在这么做非常艰难!但是我之所以坚持这样做,就是要让天下以后那些作为臣子却心怀二意去侍奉自己君主的人感到惭愧。"

豫让走后没过多久,赵襄子正好外出,豫让便埋伏在赵襄子必定经过的一座桥的下面。赵襄子刚到桥上,马就受惊了,赵襄子说:"这一定是豫让。"派人一查问,真的是豫让。赵襄子于是列举罪过责备豫让说:"你不也曾经服侍过范氏和中行氏吗?智伯将他们全部消灭了,但是你却没有为他们报仇,反而委身成为智伯的臣子。如今智伯也已经死了,你为什么偏偏要如此卖力地为智伯报仇呢?"豫让说:"我服侍范氏和中行氏,范氏和中行氏对待我都像对待普通人一样,因此我作为报答也像对待普通人那样对待他们。至于智伯,他对待我如同对待国士一样,因此我也应该像国士一样报答他。"赵襄子感慨叹息,流着眼泪说:"唉!豫先生,您为智伯尽忠到这个地步,名声已经很大了,而我对您宽赦到这个程度,也已经足够了。您还是自己想个办法活命吧,我不会再放过你了!"说完,便命令卫士将豫让围住。豫让说:"我听说圣明的君主不会掩盖别人的美德,而忠诚的臣子有为美名而死的道义。上次的事情您已赦免了我,天下没有人不称赞您的贤德。今天的事情,我本应伏法受诛,但是我恳求能够得到您的衣服来击打它,以此来表达我替智伯报仇的心意,这样一来,我就是死了也没有遗憾了。这自然不敢指望您答应,但我敢于说出我的心里话。"当时襄子非常赞赏豫让的义气,便命令使者将衣服拿给豫让,豫让拔出剑来三次跳起来击刺它,说:"我可以到九泉之下去报答智伯了!"于是伏剑自刎了。豫让死的那天,赵国的志士得知这个消息,都为他痛哭流泪。

新唐书·魏徵传(节选)①

魏徵,字玄成,魏州曲城人②。少孤,落魄③,弃资产不营,有大志,通贯书术。

---

① 《新唐书》:北宋时期宋祁、欧阳修、范镇、吕夏卿等合撰的一部记载唐朝历史的纪传体史书,"二十四史"之一。
② 魏州:治所在今河北大名。曲城:今山东莱州。
③ 落魄:穷困失意。

　　隋乱，诡为道士。武阳郡丞元宝藏举兵应李密①，以徵典书檄。密得宝藏书，辄称善，既闻徵所为，促召之。徵进十策说密，不能用。王世充攻洛口②，徵见长史郑颋③曰："魏公虽骤胜④，而骁将锐士死伤略尽；又府无见财⑤，战胜不赏，此二者不可以战。若浚池峭垒，旷日持久，贼粮尽且去，我追击之，取胜之道也。"颋曰："老儒常语耳！"徵不谢去。

　　后从密来京师，久之未知名，自请安辑山东，乃擢秘书丞⑥，驰驿至黎阳⑦。时李勣尚为密守，徵与书曰："始魏公起叛徒，振臂大呼，众数十万，威之所被半天下，然而一败不振，卒归唐者，固知天命有所归也。今君处必争之地，不早自图，则大事去矣！"勣得书，遂定计归，而大发粟馈淮安王之军⑧。

　　会窦建德陷黎阳⑨，获徵，伪拜起居舍人⑩。建德败，与裴矩走入关⑪，隐太子引为洗马⑫。徵见秦王功高，阴劝太子早为计。太子败，王责谓曰："尔阋吾兄弟⑬，奈何？"答曰："太子蚤从徵言⑭，不死今日之祸。"王器其直，无恨意。

---

① 武阳：郡名。隋大业初改魏州置。唐武德四年（621）复改为魏州。李密：《隋书》《旧唐书》《新唐书》有传。
② 洛口：今河南巩县东北，因地处洛水入黄河而得名。
③ 颋：音 tǐng。
④ 魏公：即李密，隋大业十三年（617年）被推为瓦岗农民起义军首领，称魏公。骤：屡次。
⑤ 见（xiàn）：同"现"。
⑥ 秘书丞：秘书省是专门掌管经籍图书的机构。长官称秘书监，副职为少监，其下又有秘书丞。
⑦ 驲（rì）：古代驿站专用的车。黎阳：在今河南浚县西南，是当时河北地区的战略要地，李勣在这里据守。
⑧ 淮安王：淮安，郡名，治所在今河南泌阳。淮安王李神通，唐高祖从父弟。
⑨ 窦建德：河北地区的农民起义军领袖，《旧唐书》《新唐书》有传。
⑩ 伪：不合法的。唐朝认为窦建德所建夏政权是不合法的伪政权，称在那任职为"伪拜"。起居舍人：隋在内史省（中书省）设起居舍人，主要是记录整理天子的制诰德音。
⑪ 裴矩：《隋书》《旧唐书》《新唐书》有传。
⑫ 隐太子：唐高祖的太子李建成被李世民杀死后谥号叫隐，后追赠为皇太子，所以这里叫隐太子。洗马：东宫官属，为太子掌管传达，太子出则为前导，洗马也就是"先马"。
⑬ 阋（xì）：指兄弟间相争，这里是使兄弟间相争。
⑭ 蚤：通"早"。

即位，拜谏议大夫①，封钜鹿县男②。当是时，河北州县素事隐、巢者不自安③，往往曹伏思乱。徵白太宗曰："不示至公，祸不可解。"帝曰："尔行安喻河北。"道遇太子千牛李志安、齐王护军李思行传送京师④，徵与其副谋曰："属有诏⑤，宫府旧人普原之⑥。今复执送志安等，谁不自疑者，吾属虽往，人不信。"即贷而后闻⑦。使还，帝悦，日益亲，或引至卧内，访天下事。徵亦自以不世遇⑧，乃展尽底蕴无所隐⑨，凡二百余奏，无不剀切当帝心者⑩。由是拜尚书右丞⑪，兼谏议大夫。

【导读】

名臣魏徵以直谏闻名天下，他与唐太宗李世民的君臣关系更是传为千古佳话。为劝谏，魏徵甚至常常置唐太宗于尴尬难堪的境地。尽管在今天看来，这种不留情面的说话方式应该因人因地、因场合不同而用，但，这就是魏徵"结草衔环"的方式——感不世之遇，尽其所能。

这里，值得一说的还有唐太宗李世民。作为帝王，李世民深谙"兼听则明，偏听则暗"的道理，喜听并善取各种献议。魏徵曾上疏数十，直陈其过，劝其宜内自省，居安思危，察纳雅言，择善而从。他没有雷霆震怒，也没有拒谏饰非，而是从善如流，这在帝王之中是极为罕见的。据说，魏徵死后，太宗

---

① 谏议大夫：门下省的专掌侍从规谏的官。
② 钜鹿：在今河北平乡西南。县男：唐代最低一级的封爵。
③ 河北：道名，治所在今河北大名东北。辖境相当于今北京市、天津市、河北省、辽宁省大部，河南、山东古黄河以北地区。巢：唐高祖第四子齐王李元吉被李世民杀死后谥号叫刺，后追赠为巢王，这里称巢即指李元吉。
④ 太子千牛：太子的亲身护卫。
⑤ 属（zhǔ）：适值。
⑥ 官：指太子建成的东宫。府：指齐王李元吉的齐王府
⑦ 贷：饶恕、宽免。
⑧ 不世：罕有，非常。
⑨ 底蕴：底细，心里所有的东西
⑩ 剀（kǎi）切：恳切，切合事理
⑪ 尚书右丞：唐尚书省设左、右丞以辅佐左、右仆射，左丞总辖吏、户、礼三部，右丞总辖兵、刑、工三部。

十分难过，流着泪说："夫以铜为镜，可以正衣冠；以史为镜，可以知兴替；以人为镜，可以明得失。魏徵殁，朕亡一镜也！"表达了他的深痛和惋惜。这，正是贞观之治获得成功的一个重要原因。

此后，"以史为镜""以人为镜"便流行开来，成为中华文化中的一份瑰宝，遗憾的是后来的封建帝王们并没有真正做到！

译　文

魏徵，字叫玄成，是魏州曲城人。从小是孤儿，穷困失意，丢开资产不去经营，胸怀大志，精通书史术数。

隋末战乱，魏徵假托为道士。武阳郡丞元宝藏起兵响应李密，让魏徵掌管书信公文。李密收到元宝藏的书信，都说写得好，知道是魏徵所写，就赶快召见。魏徵进献十策劝说李密，李密没有采用。王世充进攻洛口，魏徵见了李

▲魏徵塑像

密的长史郑颋说："魏公虽然屡次战胜，但勇将精兵已死伤得差不多，加上府库里没有现成的财物，战胜后没有东西赏赐，从这两方面看来这仗不能打。如果深沟高垒，旷日持久，贼军粮尽将撤退，我们追击，才是取胜之道。"郑颋说："这只不过是老生常谈罢了！"徵不辞离去。

后来魏徵跟从李密来到京师，过了好久还不知名，自己请求去安辑山东，才升擢为秘书丞，驰驿到黎阳。这时李勣还在替李密守御，魏徵写信给他说："当初魏公起兵反叛，振臂大呼，得到兵众几十万，威之所加有半个天下，然而一败不振，终于归附大唐，本来就知道天命所归啊！如今你身处必争之地，不趁早为自己打算，则大事去矣！"李勣收到信后，就定计归唐，大发黎阳仓的存粮送给淮安王的军队。

窦建德攻陷黎阳，擒获魏徵，拜授伪起居舍人。窦建德失败，魏徵和裴矩进入潼关，隐太子招引为洗马。魏徵见秦王功高，暗地里劝太子早自为计。太子失败，秦王责怪魏徵说："你挑拨我们兄弟相争，怎么处治？"魏徵回答道："如果太子早听我的话，不会有今日杀身之祸。"秦王器重他的耿直，不再仇恨。

即位后，拜徵为谏议大夫，封钜鹿县男。这时，河北州县向来依附隐太子、巢王的不能自安，到处一群群结伙隐伏着想作乱。魏徵对太宗说："不示以至公，祸事就无法缓解。"太宗回答说："你去河北安抚晓谕。"魏徵在途中遇见隐太子的千牛李志安、齐王的护军李思行被递送去京师，徵同他的副使商议说："适值有诏，东宫及齐王府的旧人一概赦免。现在却捕送李志安等人，谁不自疑，我们虽去了，人家也不会相信。"就把他们释放了然后奏闻。出使回来后，太宗很高兴，对他一天天更加亲近，有时引进卧室里，访问天下的事情。徵也自以为获得了罕有的知遇，就把自己懂得的都没有隐瞒地讲出来，共上了二百多次奏章，无不恳切合太宗的心意。由此拜为尚书右丞，兼谏议大夫。

出师表（节选）

三国·诸葛亮

臣本布衣，躬耕于南阳①，苟全性命于乱世，不求闻达于诸侯②。先帝不以臣卑鄙③，猥自枉屈，三顾臣于草庐之中，咨臣以当世之事。由是感激，遂许先帝以驱驰④。后值倾覆⑤，受任于败军之际，奉命于危难之间，尔来二十有一年矣。先帝知臣谨慎，故临崩寄臣以大事也⑥。受命以来，夙夜忧叹，恐托付不效，以伤先帝之明，故五月渡泸⑦，深入不毛⑧。今南方已定，兵甲已足，当奖率三军，北定中原，庶竭驽钝⑨，攘除奸凶⑩，兴复汉室，还于旧都⑪。此臣所以报先帝而忠陛下之职分也。至于斟酌损益，进尽忠言，则攸之、祎、允之任也。

愿陛下托臣以讨贼兴复之效；不效，则治臣之罪，以告先帝之灵。若无兴德之言，则责攸之、祎、允等之慢⑫，以彰其咎。陛下亦宜自谋，以咨诹⑬善道，察纳雅言，深追先帝遗诏。臣不胜受恩感激。今当远离，临

---

① 南阳：郡名。诸葛亮曾隐居于南阳隆中（今湖北襄樊市一带）。
② 闻：名声，出名。达：显达，显贵。诸侯：指东汉末年割据四方的军阀和州郡长官。
③ 卑鄙：出身卑贱，见识浅陋。
④ 驱驰：奔走效劳。
⑤ 倾覆：指兵败。建安十三年（208）曹操追击刘备，在当阳长坂坡大败刘军；诸葛亮奉命出使东吴，联合孙权于赤壁之战挫败曹军，才使刘备得以转危为安。
⑥ 寄：委托，托付。这句指刘备东伐孙吴，被吴将陆逊击败，退居白帝。章武三年（223）四月，刘备病死永安宫，临终把国家大事托付给诸葛亮，并对刘禅说："汝与丞相从事，事之如父。"
⑦ 泸：水名，即现在的金沙江。
⑧ 不毛：不生草木，指不长粮食的荒凉之地。当时西南少数民族地区经济文化相当落后。建兴三年（225）诸葛亮率军南征，曾到泸水。
⑨ 庶：庶几，表示愿望。竭：尽，用尽。驽钝：以劣马和钝刀比喻才能低下。
⑩ 奸凶：指曹魏。
⑪ 旧都：指东汉曾建都的洛阳。
⑫ 慢：怠慢，失职。
⑬ 咨诹（zōu）：询问。

表涕零,不知所言。

【导读】

刘备病危托孤,将内外交困的局面与一个年幼无知、扶不起来的接班人留给了诸葛亮。尽管刘备留有"如其不才,君可自取"的遗诏,面对昏庸无志的后主,诸葛亮仍尽忠竭力、毫无僭越之心,"此臣所以报先帝,而忠陛下之职分也"。诸葛亮的忠肝义胆,千古传颂。

这篇表文是诸葛亮决定北上伐魏之机,写给后主刘禅的。前半段以议论为主,针对当时的局势,用恳切委婉的言辞,反复劝勉后主要广开言路、严明赏罚、亲贤远佞,以此兴复汉室,还于旧都;后半段,以记叙和抒情为主,叙述了自己的身世、追随先帝的原因及以身许国的经过。文字从作者肺腑中流出,披肝沥胆,真情充溢,这正是他出师北伐的精神力量。

节选部分淋漓尽致地展示了诸葛亮的精神世界,表现了这位社稷之臣不忘初心、鞠躬尽瘁、死而后已的品德。这在封建社会被视为臣子之"大德",普遍受到推崇。尤其当国家处于危难之秋,这种品德更焕发出强大的感召力,被赞颂为"时穷节乃现""鬼神泣壮烈"(见文天祥《正气歌》)。《出师表》能千百年被视为"至文"而流传不朽,其原因盖在于此。

也有人说,诸葛亮的"忠"近乎"愚忠";诸葛亮的"北伐",是"劳师以袭远",近乎"不智"。同学们,你们以为呢?

译文

臣下本是个平民,在南阳隆中务农耕种,在乱世间只求保全性命,不想在诸侯中求得显赫的名声。先帝不嫌臣下出身卑微,见识浅陋,不惜屈尊,三顾茅庐看望臣下,征询臣下对天下大事的看法。因此臣下深为感动,从而允诺为先帝驱遣效力。后来正遇战事失败,臣下在败亡之际,接受了挽救危局的重任,至今已有二十一年了。先帝深知臣下处事谨慎,所以在临终时把辅助陛下

▲赵孟书法作品《出师表》（部分）

兴复汉室的大事交付给臣下。臣下接受先帝遗命以来，日夜担忧兴叹，唯恐托付给臣下的大任不能完成，从而有损先帝的英明。所以臣下五月率兵南渡泸水，深入荒芜之境。如今南方已经平定，军库兵器装备充足，应当鼓励和统率全军，北伐平定中原地区；希望竭尽自己有限的能力，扫除奸贼，复兴汉朝王室，迁归旧日国都。这是臣下所要报答先帝，效忠陛下的职责本分。至于权衡得失，向陛下进献忠言，那是郭攸之、费祎、董允他们的责任了。

祈望陛下把讨伐奸贼、兴复汉室的大任交付给臣下；如果不能成功，那就请治臣下失职的罪过，以禀告先帝在天之灵。如果没有劝勉陛下发扬圣德的忠言，那就请追究郭攸之、费祎、董允等人的怠慢之罪，公布他们的过失。陛下也应该自己思虑谋划，征询治理国家的好办法，明察和采纳正直的进言，深切地追忆先帝的遗诏。臣下这就受恩、感激不尽了。而今即将远征，流着泪写了这篇表文，激动得不知说了些什么。

勇毅力行

"勇毅力行"是中华民族的传统美德,是中国人道德意志的体现。"杀身成仁""舍生取义"是为"勇";"养气守节""士可杀不可辱"是为"毅"。要实现"勇""毅",必须"力行"。"力行近乎仁""君子讷于言而敏于行",只有身体力行,才能得偿所愿,成圣成仁。

因为有了"勇毅力行",我们民族才在各种险恶的环境中无数次化险为夷,向死而生,不断前行,才有了今天这般引以为豪的模样。但我们不能停步,为了今后的模样更加美好,我们理当继往开来,"勇毅力行"。

在中华民族的历史上,就有这样一些人,他们以自己的行动和血性,努力诠释着"勇毅力行"……

▲人民英雄纪念碑浮雕

报任安书（节选）

汉·司马迁①

夫仆与李陵俱居门下②，素非能相善也，趣舍异路③，未尝衔杯酒接殷勤之欢④。然仆观其为人，自守奇士，事亲孝，与上信，临财廉，取予义，分别有让，恭俭下人⑤，常思奋不顾身以徇⑥国家之急。其素所畜积也，仆以为有国士之风⑦。夫人臣出万死不顾一生之计，赴公家之难，斯已奇矣。今举事一不当，而全躯保妻子之臣随而媒孽其短⑧，仆诚私心痛之。且李陵提步卒不满五千，深践戎马之地，足历王庭⑨，垂饵虎口，横挑强胡，卬亿万之师⑩，与单于连战十余日⑪，所杀过当。虏救死扶伤不给⑫，旃裘之君长咸震怖⑬，乃悉征左、右贤王⑭，举引弓之民，一国共攻而围之。转斗千里，矢尽道穷，救兵不至，士卒死伤如积。然陵一呼劳

---

① 司马迁（前145—?）：字子长，夏阳（今陕西韩城南）人。西汉史学家、散文家。司马谈之子，任太史令，因替李陵败降之事辩解而受宫刑，后任中书令。发奋继续完成所著史籍，被后世尊称为史迁、太史公、历史之父。
② 李陵：字少卿。原为汉将，后降匈奴。门下：侍中曹（官署名），后世称门下省。
③ 趣舍：趋向废弃。趣，同"趋"。
④ 衔杯：饮酒。
⑤ 下人：将自己地位看在别人之下。
⑥ 徇：效力。
⑦ 国士：国内推重的人才。
⑧ 媒孽：酿酒药。此指夸大其事。
⑨ 王庭：匈奴君主驻地。
⑩ 卬：仰攻。当时李陵被困于谷地。卬，同"仰"。
⑪ 单（chán）于：匈奴君主的称呼。
⑫ 不给：来不及。
⑬ 旃（zhān）裘之君长：匈奴君主、官员。旃，同"毡"。
⑭ 左、右贤王：仅次于单于的匈奴军事首领。

军，士无不起，躬自流涕，沫血饮泣①，张空弮②，冒白刃，北向争死敌。陵未没时，使有来报，汉公卿王侯皆奉觞上寿③。后数日陵败书闻，主上为之食不甘味，听朝不怡。大臣忧惧，不知所出。仆窃不自料其卑贱，见主上惨凄怛悼④，诚欲效其款款之愚⑤。以为李陵素与士大夫绝甘分少⑥，能得人之死力，虽古之名将，不能过也。身虽陷败，彼观其意，且欲得其当而报汉。事已无可奈何，其所摧败，功亦足以暴于天下矣。仆怀欲陈之，而未有路。适会召问，即以此指，推言陵之功，欲以广主上之意，塞睚眦之辞⑦。未能尽明，明主不深晓，以为仆沮贰师⑧，而为李陵游说，遂下于理⑨。拳拳之忠⑩，终不能自列，因为诬上，卒从吏议。家贫，财赂不足以自赎，交游莫救，左右亲近不为一言。身非木石，独与法吏为伍，深幽囹圄之中⑪，谁可告愬者！此正少卿所亲见，仆行事岂不然邪？李陵既生降，隤其家声⑫，而仆又茸之蚕室⑬，重为天下观笑⑭。悲夫！悲夫！事未易一二为俗人言也。

【导读】

这篇文章是司马迁在自己的生命遭受极端摧残之后写的，用书信的方式

---

① 沫（huì）血：血流满面。沫：以手掬水洗脸。
② 弮（quān）：强弓。
③ 上寿：祝捷。
④ 怛（dá）：痛。
⑤ 款款：恳切忠实。
⑥ 绝甘分少：有美食推让给别人，分财物自己得最少的一份。
⑦ 睚眦（yá zì）：怒目而视，喻愤怒。
⑧ 沮：诋毁。贰师：指李广利，时任贰师将军。他是汉武帝宠妃李夫人的哥哥，对李陵陷围兵兵败负有直接责任。
⑨ 理：法庭。
⑩ 拳拳：忠谨貌。
⑪ 囹圄（líng yǔ）：监牢。
⑫ 隤（tuí）：败坏。
⑬ 茸：推置其中。蚕室：受宫刑后所居温密之室。
⑭ 重：复，又。

叙述了自身的遭遇。

天汉二年（公元前99年），李陵随李广利出征匈奴，率五千兵马主动出击，与八万匈奴主力连战八日八夜，最终弹尽粮绝，兵败投降。汉武帝大怒，百官皆弹劾指责，唯司马迁为其说情，触怒武帝。司马迁因此下狱并被施以腐刑。司马迁本可以附庸众议，他明知自己会惹皇帝不快，而且他与李陵并无往来，但他仍凭借自己对李陵的认识、战事的客观情况表明自己的看法，此种果敢勇毅，非常人之能及！此种精神得"义"之精髓，并发展到了一个更高的境界。

本篇叙事凄婉动人，激烈悲壮；抒情如怨如慕，如泣如诉。把世态炎凉、人情冷暖、将士用命、忍诟含辱等，借书信的形式向朋友道来，如江海波涛，汹涌澎湃。

司马迁最终在屈辱中完成了《史记》，为我们留下了极其宝贵的历史文化遗产。《史记》不是为帝王树碑立传，也不是为将相歌功颂德，而是"究天人之际，通古今之变，成一家之言"。作者希望"藏之名山，传之后人"，"则仆偿前辱之责，虽万被戮，岂有悔哉"！

司马迁，一介书生，仗义执言，忍辱负重，身后留下皇皇巨著彪炳史册，真乃民族英雄也！

译 文

我和李陵同在门下任职，平时并没有亲善交往，志趣追求也不相同，未曾有过一起饮酒联络感情的聚会。然而我观察他的为人，确是一位奇士，孝敬父母，信交朋友，于钱财事务十分廉洁，获取和给予都合乎礼义，懂得尊卑而能礼让，恭敬谦虚自甘人下，常考虑奋不顾身勇赴国家急难。从他平素修养品德来看，我认为他具有国士的风范。为人臣能出于宁肯万死不求一生的考虑，勇赴国家的危难，这也是难能可贵了。如今他行事一有不当，那些平时只顾保全自己和家小的臣子马上就夸大他的过失，我的确深感悲哀。况且李陵率领的步兵不足五千，深入敌方阵营，到达单于驻地，如在虎口垂挂诱饵，强行向劲敌挑战，仰攻匈奴大军。与单于所率部队连战十多天，所杀敌人超过自己军队的数目，敌人救死扶伤都来不及。匈奴君臣都震惊恐怖，于是征集了左、右贤王的全部军队，出动了所有能战斗的人员，全国动员围攻李陵。李陵转战千里，箭矢用尽，退路断绝，援兵不来，死伤士卒遍地皆是。但是，只要李陵一声呼唤鼓舞，士卒们没有一个不立即奋起，眼流热泪，以血洗面，泪流入口，拉着无箭的空弓，冒着敌人锋利的刀剑，争着向北拼死杀敌。当李陵军队未覆灭时，有信使来报战况，朝中公卿王侯都举杯祝捷。几天后李陵兵败，奏书传来，皇上为此食不甘味，上朝听政也心怀忧愁。大臣们担心害怕，束手无策。我区区之心不考虑自己的卑贱，见皇上悲痛忧愁，确实想尽恳切的愚忠。我认为李陵平常对将士总是先人后己，能获得他们的以死相报效，即使是古代的名将也不能超过他。他虽兵败陷身匈奴，推测他的用意，是想等待时机来报效汉朝。兵败之事已无可挽救，但他曾击溃敌军，功劳也足于昭示天下了。我想将意见陈述出来，未遇有机会。恰值皇上召问，就据上述意见推崇李陵的功劳，来宽舒皇上的胸怀，阻塞怨恨李陵的言论。我未能彻底表达清楚，圣明君主未能深入了解，反认为我诋毁贰师将军，替李陵游说开罪，于是我被送上法庭受审。我满怀拳拳之忠，却终于不能为自己辩白。于是根据欺君的罪名，司法官吏的判决也就被认准。我家境贫困，钱财远不够赎罪，朋友没有人出面营救，皇上亲近的人也没有为我说句好话的。人并非无情感的木石，只身与执法官吏在一起，被关在严密深邃的牢房中，所受冤屈有谁可以诉说呢？这些正是您亲眼所见，我的情况难道不是这样吗？李陵已经活着投降匈奴，败坏了家声，而我又被关进蚕室，深为天下人看着嘲笑。可悲啊，可悲啊！这些事是不容易向俗人一一说明白的。

永遇乐·京口北固亭怀古

南宋·辛弃疾①

千古江山,英雄无觅,孙仲谋处②。舞榭歌台,风流总被③,雨打风吹去。斜阳草树,寻常巷陌④,人道寄奴曾住⑤。想当年、金戈铁马,气吞万里如虎⑥。元嘉草草⑦,封狼居胥,赢得仓皇北顾⑧。四十三年,望中犹记,烽火扬州路⑨。可堪回首,佛狸祠下,一片神鸦社鼓⑩。凭谁问:廉颇老矣,尚能饭否⑪?

---

① 辛弃疾(1140—1207年):字幼安,号稼轩,山东东路济南府历城县(今济南市历城区遥墙镇四凤闸村)人。南宋豪放派词人、将领,有"词中之龙"之称。与苏轼合称"苏辛",与李清照并称"济南二安"。
② 英雄无觅,孙仲谋处:为"无觅英雄孙仲谋处"的倒文。孙权,字仲谋,三国时吴主,曾在京口建都。赤壁之战中,大破曹操的军队。
③ 风流:指英雄事业的流风余韵。
④ 寻常巷陌:普通的街巷。
⑤ 寄奴曾住:南朝宋武帝刘裕字德舆,小名寄奴。其先世彭城人,后迁居京口。刘裕在此生长。
⑥ 金戈铁马:形容兵强马壮。气吞万里:形容气概壮阔,足以消灭盘踞中原万里的敌人。晋安帝义熙五年(409年)及十二年(416年),刘裕曾两次统率晋军北伐,先后灭南燕、后秦,收复洛阳、长安等地。此指其事。
⑦ 元嘉:宋文帝刘义隆(刘裕子)的年号(424—453年)。
⑧ 封狼居胥,赢得仓皇北顾:意谓刘义隆不能继承父业,徒然好大喜功,以致北伐惨败,几乎危及国本。狼居胥,一名狼山,在今内蒙古自治区中部。《史记·霍去病传》载:骠骑将军霍去病追击匈奴单于至狼居胥,封山而还。此处封狼居胥表示要北伐立功。
⑨ 四十三年:作者于宋高宗绍兴三十二年(1162年)南归,至此恰为四十三年(1173年)。南归之前,他正在烽火弥漫的扬州以北地区参加抗敌战争,故云。扬州路,指淮南东路,辖今江苏省北部、安徽省东北部一带,扬州为其首府。
⑩ 佛狸祠:魏太武帝拓跋焘小名佛狸,打败王玄谟军以后,曾追击至长江北岸的瓜步山(在今江苏省六合县东南二十里处),在山上建立行宫,即后来的佛狸祠。神鸦,指庙里吃祭品的乌鸦。社鼓,祭神时击鼓。此二句写敌酋庙宇里香火旺盛,暗示北方的土地人民已非我所有。
⑪ 廉颇:战国时赵国的名将。《史记·廉颇蔺相如列传》:"赵使者既见廉颇,廉颇为之一饭斗米、肉十斤,被甲上马,以示尚可用。赵使者还报王曰:'廉将军虽老,尚善饭;然与臣坐,顷之,三遗矢(屎)矣。'赵王以为老,遂不召。"此处作者以廉颇自比。谓朝廷无人关怀老年有经验的抗敌将士。

【导读】

这是一首怀古词,作者登上京口(即镇江)北固亭,瞭望眼前一片江山,遥想当年历史人物,感慨当时混乱时局,写下这首传唱千古的词篇。

这首词充满怀古之情。开篇即由眼前所见,联想到两位历史人物——孙权和刘裕。孙权割据东南,击退曹军;刘裕金戈铁马,收复失地。对他们的历史业绩和作为,作者表达了由衷的赞叹和向往。

这首词充满忧世之愤。作者由历史又回到眼前,发出江山依旧,英雄不在、后继无人的感慨,就连那当年修建的"舞榭歌台"也都被"雨打风吹去",渺无踪迹了,忧愤之情溢于言表。

这首词充满伤今之痛。"元嘉草草",用南朝刘义隆草率北伐,招致大败的历史事实,影射现实,提醒南宋统治者汲取历史教训。接着追思抗金往事,感叹自己不为朝廷所用的身世,不禁仰天叹息。其中"佛狸祠下,一片神鸦社鼓"的感慨,最为沉痛,最为不堪。

这首词充满英雄之气。面对风雨飘摇,壮志难酬的现实,作者并没有心灰意冷,随遇而安;而是以廉颇自况,壮怀激烈,随时准备奔赴疆场,抗金杀敌。词中"想当年,金戈铁马,气吞万里如虎",正是英雄之气的写照,千百年来被人们传颂。

千古文人侠客梦。对辛弃疾来讲,"侠客"不是梦,而是事实。他一生以恢复中原为志,上阵杀敌,命运多舛。尽管报国无门,又纵使英雄无用武之地,他仍怀抱满腔激情,抒发对国家兴亡、民族命运的关切和忧虑。这正是我国爱国知识分子的优良传统,是我们的一笔丰厚遗产。

译 文

历经千古的江山,再也难找到像孙权那样的英雄。当年的舞榭歌台还在,但英雄人物却随着岁月的流逝早已不复存在。斜阳照着长满草树的普通小巷,人们说那是当年刘裕曾经住过的地方。回想当年,他领军北伐、收复失地

的时候是何等威猛！然而刘裕的儿子刘义隆好大喜功，仓促北伐，却反而让北魏太武帝拓跋焘乘机挥师南下，兵抵长江北岸而返，遭到对手的重创。我回到南方已经有四十三年了，看着中原仍然记得扬州一带烽火连天的战乱场景。怎么能回首啊，当年拓跋焘的行宫外竟有百姓在那里祭祀，乌鸦啄食祭品，人们过着社日，只把他当作一位神祇来供奉，而不知道这里曾是一个皇帝的行宫。还有谁会问，廉颇老了，饭量还好吗？

后汉书·张衡传①（节选）

阳嘉②元年，复造候风地动仪③。以④精铜铸成，员径八尺⑤，合盖隆起⑥，形似酒尊⑦，饰以篆文山龟鸟兽之形⑧。中有都柱⑨，傍行八道⑩，施关发机⑪。外有八龙，首衔铜丸⑫，下有蟾蜍⑬，张口承之。其牙机巧

---

① 《后汉书》是一部由中国南朝宋时期的历史学家范晔编撰的记载东汉历史的纪传体史书。主要记述了上起东汉的汉光武帝建武元年（25年），下至汉献帝建安二十五年（220年），共195年的史事。
② 阳嘉：东汉顺帝刘保的年号。
③ 候风地动仪：测验地震的仪器。据竺可桢考证，这是两种仪器，一是测验风向的候风仪，一是测验地震的地动仪。
④ 以：用。
⑤ 员径：圆的直径。员，通"圆"。
⑥ 合盖隆起：上下两部分相合盖住，中央凸起。隆，高。
⑦ 尊：同"樽"，古代盛酒器。
⑧ 饰：装饰。"饰"后省宾语"之"，"之"代候风地动仪。以：用。据有人研究，候风地动仪外部八方书写不同的篆文以表明方位，脚部装饰山形，东南西北分别绘画代表四方的龙、朱雀、虎、玄武（龟蛇）。
⑨ 都柱：大铜柱。都，大。"都柱"就是地动仪中心的震摆，它是一根上大下小的柱子，哪个方向发生地震，柱子便倒向哪边。
⑩ 傍：同"旁"，旁边。
⑪ 施关发机：设置关键（用来）拨动机件，意思是每组杠杆都装上关键，关键可以拨动机件（指下句所说的"龙"）。
⑫ 龙：指龙形的机件。首：头。
⑬ 下：指龙首下面。

制①，皆隐在尊中②，覆盖周密无际③。如有地动，尊则振龙④，机发⑤吐丸，而蟾蜍衔之。振声激扬，伺者因此觉知⑥。虽一龙发机⑦，而七首不动⑧，寻其方面，乃知震之所在。验之以事⑨，合契若神⑩。自书典所记⑪，未之有也。尝一龙机发而地不觉动⑫，京师学者咸怪其无征⑬，后数日驿至⑭，果地震陇西⑮，于是皆服其妙。自此以后，乃令史官记地动之所从方起。

【导读】

据《资治通鉴·汉纪》所载，自公元107年开始，我国强震不断，小震连连，甚至还会夹杂不少极端恶劣天气，给人民生命财产带来极大损失。那时，人们不懂得科学知识，用迷信的观点看待灾异现象，认为是"天公发怒"，在灾害面前束手无策。

▲地动仪

---

① 牙机巧制：互相咬合制作精巧的部件。
② 尊中：酒樽形的仪器里面。
③ 覆盖周密无际：指仪器盖子与樽形仪器相接处没有缝隙。
④ 地动：地震。则：就。振：振动。
⑤ 机发：机件拨动。
⑥ 激扬：这里指声音响亮。伺者：守候观察候风地动仪的人。
⑦ 发机：拨动了机件。
⑧ 七首：指其余七龙之首。龙首，互文，都指龙首。
⑨ 验：检验，验证。
⑩ 合契：符合；相合。
⑪ 自：在，可译为"在……中"。
⑫ 尝：曾经，曾有一次。而，可是。
⑬ 无征：没有征兆。
⑭ 驿：驿使，古时驿站上传递文书的人。
⑮ 果：果然。

作为当时杰出的科学家,张衡面对地震灾难,决心探索规律,抗震减灾。经过长年研究,他发明了候风地动仪,并且进行成功测报。文中详细介绍了地动仪的发明,包括时间、质地、大小、形状、结构、功用等,使我们对两千多年前的这一重大科技发明有一个清晰完整的认识。

地动仪的发明是我国古代劳动人民智慧的结晶,其意义绝不亚于古代四大发明。张衡是这一智慧的代表,他是一个勇毅力行的人,一个受到世代人民景仰的人。

译 文

顺帝阳嘉元年,张衡又制造了候风地动仪。仪器用精铜铸造而成,直径长八尺,上下两部分相合盖住,中央凸起,样子像个大酒樽。上面饰有篆体文字和山龟鸟兽的图案。内部中央有根粗大的铜柱,铜柱的周围伸出八条滑道,还装置着枢纽,用来拨动机件。仪器外面有八条龙。龙口各含一枚铜丸,龙头下方各有一只蛤蟆,张着嘴巴,准备接住龙口吐出的铜丸。仪器的枢纽和机件制造得很精巧,都隐藏在酒樽形的仪器中,盖与樽体接合严密无缝隙。如果发生地震,樽体就震动铜龙,机关发动,龙口吐出铜丸,下面的蛤蟆就把它接住。铜丸震击的声音清脆响亮,守候机器的人因此得知发生地震的消息。地震发生时只有一条龙的机关发动,另外七个龙头丝毫不动。按照震动的龙头所指的方向去寻找,就能知道地震的方位。用实际发生的地震来检验仪器,彼此完全相符,真是灵验如神。从古籍的记载中,还看不到曾有这样的仪器。有一次,一条龙的机关发动了,可是人们并没有感到地震,京城的学者都责怪仪器没有验证。几天后,驿站上传送文书的人来了,证明果然在陇西地区发生地震,大家这才都叹服地动仪的绝妙。从此以后,朝廷就令史官根据地动仪记载每次地震发生的方位。

登高远观

"登高"是中华民族的文化"情节",历来被文人墨客反复吟咏,成为迁客骚人借景抒情、托物言志的特色重地。

登临高处——名山大川、悬崖绝壁,抑或高楼、高塔,放眼远观,视野瞬间扩大,心胸顿觉开阔。周遭风光美景扑面而来,目不暇接,让人欣喜,让人陶醉,让人乐而忘忧,流连忘返……

借助于大自然和人类的物我关系,登高者进而会对人生、社会、自然产生自觉或不自觉的感悟和思考。尤其在国家和民族风雨飘摇之际,这种感悟还会跳出个人宠辱的羁绊,上升到国家和民族的高度,家国情怀会愈加强烈。习惯成自然,具有这种广大视野和胸怀的人,即使未登临高处,也能高瞻远瞩,以思想或行动贡献于民族。

历史长河流动不息,古代的文人墨客离我们渐行渐远……

进入现代社会以后,登高远观已成为国民生活的重要组成部分。它不仅是人们旅游健身、休闲娱乐的方式,而且是人们陶冶性情、净化心灵的方式,更是人们激发斗志,振兴国家的力量来源。它启迪人们:世上无难事,只要肯登攀!

让"登高远观"的民族基因永远传承下去……

明德·践行

秋登宣城谢朓北楼

唐·李白

江城如画里①，山晚望晴空。
两水夹明镜②，双桥落彩虹③。
人烟寒橘柚，秋色老梧桐。
谁念北楼上，临风怀谢公④。

▲宣城谢朓楼

① 江城：指宣城。
② 两水：指句溪和宛溪。宛溪源初崃山，在宣城的东北与句溪相会，绕城合流。明镜：波面泛光如明镜一般。
③ 双桥：横跨溪水的上、下两桥。上桥是凤凰桥，下桥是济川桥。
④ 谢公：指谢朓。

【导读】

古人登高常怀古思人。李白一生非常推崇谢朓,曾写过15首诗来吟诵他,本篇就是其中之一,大意是:

登临谢朓北楼,远望宣城,宛如画里。秋意浓浓,怀念谢朓,无人理解,黯然神伤。感伤与失意,孤独与彷徨,全部化作于其中。

李白为什么在这里伤感呢?因为秋风摇落,独自登楼,使他感到落寞;临风眺望,缅怀谢朓,古今世隔,使他感到渺茫。这种落寞、渺茫的心情是他政治失意、苦闷彷徨、找不到出路的反应。因为政治受压,壮志难酬,只能寄情山水,尚友古人;而他的这种心情,很难有人理解,无处诉说,又怎能不伤感呢?

译 文

我登上谢朓北楼俯瞰坐落在江畔的宣城,觉得它美得好像在画里一样。句溪和宛溪夹城而流,在秋天,溪水格外澄清,水面泛出晶莹的光,如明镜一般。横跨两溪的凤凰桥和济川桥在碧水夕阳的映照下宛若天上落下的彩虹。缕缕炊烟使橘柚的深碧、梧桐的微黄色呈现出一片苍寒的颜色,秋色使梧桐树更显苍老。谁能想到就在这时候,我在这里迎着萧飒的秋风怀念当年的谢朓呢?

卖花声·题岳阳楼

宋·张舜民[①]

木叶下君山。空水漫漫。十分斟酒敛芳颜[②]。不是渭城西去客,休唱

[①] 张舜民:生卒年不详,北宋文学家、画家。字芸叟,自号浮休居士,又号矴斋。邠州(今陕西彬县)人。

[②] 敛芳颜:收敛容颜,肃敬的样子。

阳关①。

醉袖抚危栏②。天淡云闲。何人此路得生还。回首夕阳红尽处，应是长安③。

【导读】

"卖花声"又名"浪淘沙"，词牌名。古人不仅用诗，也用词来表达登高远观时的复杂心情——落寞的、失意的；沉郁的、凄凉的；慷慨的、悲歌的……不一而足。这首词，借的什么景？表的什么情呢？

起首二句勾画出一幅洞庭叶落、水空迷蒙的景象。落叶悲秋，迷蒙伤感，此时作者的心境是悲凉的，这正与他被贬遭遇相契合。"不是渭城西去客，休唱阳关"，自我解嘲，无缘西征，反遭南迁（发配郴州），进一步表达了凄怆之情。

▲岳阳楼

---

① 阳关：阳关，古关名，今甘肃敦煌县西南。这里指古曲《阳关三叠》，又名《阳关曲》，以王维《送元二使安西》诗引申谱曲，增添词句，抒写离情别绪。因曲分三段，原诗三反，故称"三叠"。
② 危：高。
③ 长安：此指汴京。

下片醉抚栏杆,仰望天空,回首长安,又觉情牵意萦,怀念京都。但"何人此路得生还",感情顿宕,一笔概括了古往今来多少迁客的悲惨命运,承载着无尽的悲哀与痛楚。

这首词借洞庭之秋景,把对故乡的眷恋,对遭贬的怨尤,对君王的期待,和盘托出。是登高远观、感叹自身命运浮沉词中较具代表性的一篇。

译 文

秋风里万木凋零,君山上落叶纷飞;洞庭湖水与长天一色,浩浩荡荡。歌女斟满一杯酒,敛起笑容,要唱一首送别歌。我不是当年王维在渭城送别西去的客人,请不要唱这曲令人悲伤的《阳关》。

酒醉后,手扶楼上的栏杆举目远望,天空清远,白云悠然。被贬的南行囚客有几人能从这条路上生还呢?回望处,夕阳映红了天边,那里应该是我离开的京都长安。

聪训斋语·看山

清·张英①

圃翁曰:山色朝暮之变,无如春深秋晚。四月则有新绿,其浅深浓淡,早晚便不同;九月则有红叶②,其赪黄茜紫③,或映朝阳,或回夕照④,或当风而吟,或带霜而殷⑤,皆可谓佳胜之极⑥。其他则烟岚雨岫,

---

① 张英(1637—1708年),字敦复,又字梦敦,号乐圃,又号倦圃翁,安徽省桐城人,先祖世居江西。清朝大臣,张廷玉之父。
② 四库全书本《文端集》作"黄"。
③ 赪(chēng)黄茜(qiàn)紫:黄叶映日所幻变出来的黄、红、紫等颜色。赪:红色。茜:深红色。
④ 回夕照:夕阳反照。回,返、反之意。
⑤ 殷(yān):深红或赤黑色。
⑥ 佳胜:美好,优美。

云峰霞岭①,变幻顷刻,孰谓看山有厌倦时耶?放翁诗云:"游山如读书,浅深在所得②。"故同一登临,视其人之识解学问,以为高下苦乐③,不可得而强也。

予每日治装④入龙眠⑤,家人相谓:"山色总是如此,何用日日相对?"此真浅之乎言看山者⑥。

【导读】

看山,不是登高、俯瞰,而是远观、仰望。这也是古人喜好的一种观景抒情的方式,与登高远望有异曲同工之妙。

张英看山,看到啥,又想到啥呢?他看到,山色早晚之变幻,万物四季之轮回;峰峦之云蒸霞蔚,林壑之烟雨迷蒙。他还看到,深浅浓淡,瞬间变幻;高低远近,霎时移影。山间之美,山间之奇,在张英的笔下被活灵活现的画了出来。

如果看山仅仅是观景,那是不足与外人道的。"一切景语皆情语",张英笔锋一转,借陆游之名句"游山如读书,浅深在所得",把全书的主旨和盘托出。原来张英把看山当作看书,深浅远近、高低上下全在于己,别人不可强求。山宜长观吗?张英的回答是,到龙眠山中去,每日都会有不同的收获和体验,我乐此不疲!

张英是安徽桐城人,与其子张廷玉是初誉为"父子宰相"。张英把看山

---

① 烟岚雨岫:笼罩在烟雨雾气中的山林和峰峦。云峰霞岭:烟入山岚,雨出山岫,云盘层峰,霞绕长岭。烟岚,山中蒸润之云气;云峰,高耸入云之山峰;霞岭,亦高峰之意。
② 浅深在所得:能不能有收获,或者收获多少,全凭他学识修养的程度而定。陆游《再游天王广教院》诗作"深浅皆可乐"。见《剑南诗稿》卷十六,或《剑南诗钞》卷一《五古诗钞》。原题为"天王广教院在载山东麓。予年二十余时,与老僧惠迪游,略无十日不到也。淳熙甲辰秋,观潮海上,偶絷舟其门,曳杖再游,恍如隔世矣"。
③ 高下苦乐:或优劣上下,或痛苦快乐。
④ 治装:整理行装。
⑤ 龙眠:山名。在桐城市西北,山势蜿蜒如龙,有龙眠山庄、披雪瀑诸胜。
⑥ 此真浅之乎言看山者:这样谈观看山色真是太浅陋了。浅之乎言,即言之乎浅,把它说简单了的意思;之,就是看山、游山。

当作做学问、品意境、揣哲理的一种方式,此种内心的安定与豁达、细腻与哲思,正是可能被我们所丢失而又非常重要、必须找回的东西。

译 文

圃老先生说:山林的色彩在早晚间的变化,远不如其在春秋时的多姿多彩。四月有万物发芽,出现了新的绿色,有浅有深,有浓有淡,即使早晚间也互不相同。九月,万物萧条,即将落败的红叶满山遍野,赤橙黄绿青蓝紫万紫千红,早晨映照着朝阳,傍晚反衬着夕阳,有时迎风低吟,有时带霜殷红,都可算是美景佳境了。其他像被浓雾蒸腾的山林,被雨雾笼罩的峰峦。直耸入云的山峰,烟霞缥缈的山岭,瞬间变幻,霎时移影,谁会说进入这样的妙境还会有厌倦的时候?陆游的诗中说道:"游历山林,就好像读书一样,浅了深了只有自己明白了。"因此,即使是一同登山游乐,也是看本人的学识见解浅深程度如何,从而也就会出现高下苦乐的区别,这是不能牵强于人的。我每天都要整理行装,到龙眠山中去。家里的人对我说:"山林的色彩总是这样,何必非得天天去观望。"这真是对看山人情趣最为浅陋的看法了!

周髀算经·盖天天地模型①

凡日月运行,四极②之道。极下者,其地高人所居六万里③,滂沲四隤而下④。天之中央亦高四旁六万里⑤。故日光外所照径八十一万里,周

---

① 《周髀算经》:中国最古老的天文学和数学著作,约成书于公元前1世纪,主要阐明当时的盖天说和四分历法。唐初规定它为国子监明算科的教材之一,故改名《周髀算经》。
② 四极:四个极限位置,指太阳视运行的四极,即日道上极北、极南、极东、记西四极点。
③ 极下者,其地高人所居六万里:北极之下,高出人所居住的地方六万里。
④ 滂沲四隤而下:形容高原四周有大水急流而下。滂沲:滂沱,大雨貌。沲(tuó):同"沱"。隤(tuí):坠落。
⑤ 天之中央亦高四旁六万里:天的中央(即北极之天)比四旁高六万里。

二百四十三万里。故日运行处极北,北方日中,南方夜半;日在极东,东方日中,西方夜半;日在极南,南方日中,北方夜半;日在极西,西方日中,东方夜半。凡此四方者,天地四极四和①。昼夜易处,加时相反②,然其阴阳所终,冬夏所极,皆若一也。

天象盖笠,地法覆槃③。天离地八万里,冬至之日虽在外衡,常出极下地上二万里④。故日兆月⑤,月光乃出,故成明月,星辰乃得行列⑥。是故秋分以往到冬至,三光⑦之精微,以成其道远,此天地阴阳之性,自然也。

【导读】

这是一篇古代科技文章,读之,一定要有历史的眼光。

古代中国在天象记录、天体测量方面的成就是世界其他民族无法企及的。《周髀算经》采用最简便可行的方法确定天文历法,揭示二十八星宿、四季更替、气候变化、昼夜相推等日月星辰运行规律,让人叹为观止。中华民族在古代天文学领域取得的成就,登上了世界科技史的高峰。

今天,我们在仰视古人智慧的同时,也应该扪心自问,近百年来我们为世界科技又贡献了些什么?一个善于自省的民族,才是有希望的民族;一代奋发有为的青年,才是民族未来的希望。

还是那句老话:世上无难事,只要肯登攀!

---

① 四极四和:东西南北,四方协和。
② 加时相反:日中、夜半男、北相反。加时:时刻。
③ 天象盖笠,地法覆槃:天好比竹笠帽,地就像被覆盖在下的承水盘。
④ 天离地八万里,冬至之日虽在外衡,常出极下地上二万里:天离地八万里,冬至的太阳虽在外衡上运行,依然比极下的地面高出二万里。离:距离。
⑤ 日兆月:意指日光照月亮,才显现月亮之形。兆:显现。
⑥ 星辰乃得行列:星辰因日光所照发光而显示其坐标位置。行列:上下左右坐标位置。
⑦ 三光:日、月、星辰。

▲《周髀算经》书影

译 文

  日月运行轨道的迁移限于四极之内。北极之下,高出人所居住的地方六万里。四周有大水急流而下。天的中央亦高出四周六万里。所以日光向外照射的最大直径是八十一万里,周长是二百四十三万里。所以太阳运行到极北时,北方正当中午,南方正当半夜。太阳运行到极东时,东方正当中午,西方正当半夜。太阳运行到极南时,南方正当中午,北方正当半夜。太阳运行到极西时,西方正当中午,东方正当半夜。所有这些太阳运行到四方所发生的现象,表明天地间东南西北,四方协和。昼夜太阳出现在相反的地方,日中、夜半,南、北相反,然而阴阳之数互动、互补变化的程度,冬夏两季日月运行的极限位置,也都遵循同一规律。

  天好比覆盖在上的笠,地犹如被覆盖的盘。天离地面八万里,冬至的太阳虽在外衡上运行,依然比极下的地面高出二万里。所以日光灼照月亮,才映出月光,而形成明月之形,星辰因日光所照发光而显示其坐标位置。因此秋分以后到冬至,日、月、星辰的光芒逐渐衰微,它的原因是其轨道半径越来越大、距离越来越远,这是天地相对所产生的阴阳互动互补的固有特性。

齐民要术·序（节选）①

南北朝·贾思勰②

猗顿③，鲁穷士，闻陶朱公④富，问术焉。告之曰："欲速富，畜五牸。"乃畜牛羊，子息万计。九真、庐江，不知牛耕，每致困乏。任延、王景⑤，乃令铸作田器，教之垦辟，岁岁开广，百姓充给。燉煌不晓作耧犁⑥；及种，人牛功力既费，而收谷更少。皇甫隆乃教作耧犁⑦，所省庸力过半，得谷加五。又燉煌俗，妇女作裙，挛缩如羊肠，用布一匹。隆又禁改之，所省复不赀。茨充为桂阳令⑧，俗不种桑，无蚕织丝麻之利，类皆以麻枲头贮衣。民惰窳，少粗履，足多剖裂血出，盛冬皆然火燎炙。充教民益种桑、柘，养蚕，织履，复令种纻麻。数年之间，大赖其利，衣履温暖。今江南知桑蚕织履，皆充之教也。五原土宜麻枲⑨，而俗不知织绩⑩；民冬月无衣，积细草，卧其中，见吏则衣草而出。崔寔为作纺绩织纴之具

---

① 《齐民要术》：我国现存最早和最完善的农学名著，也是世界农学史上最早的名著之一，对后世的农业生产有着深远的影响。该著作由耕田、谷物、蔬菜、果树、树木、畜产、酿造、调味、调理、外国物产等各章构成，是中国现存的最早的、最完整的大型农业百科全书。
② 贾思勰（xié）：北魏益都（今属山东寿光）人，生平不详，曾任高阳郡（治高阳，今山东临淄）太守，是中国古代杰出的农学家。约在北魏永熙二年至东魏武定二年间（533—544年），贾思勰著成综合性农书《齐民要术》。
③ 猗（yī）顿：春秋时鲁国人，在猗氏（今山西临猗南）牧养牛羊致富。以邑为姓，故名猗顿。
④ 陶朱公：即范蠡，春秋末人。曾帮助越过灭吴国。后游齐国，又到陶（今山东定陶西北），改名陶朱公，以经商致巨富。
⑤ 任延：东汉光武帝时任九真太守。王景：东汉章帝时任庐江太守，著名的水利专家。九真：汉郡名，在今越南北边地方。庐江：汉郡名，今安徽庐江等地。
⑥ 耧（lóu）：播种的一种工具。由牲畜牵引，后面有人扶着，可以同时开沟、下种并自行覆土。
⑦ 皇甫（fǔ）隆：三国时魏人，时任敦煌太守。他不仅向当地引进播种器，还改进了耕作和灌溉技术，所以粮食得到增产。敦煌：郡名，今甘肃敦煌等地。
⑧ 茨充：东汉人，光武帝时任桂阳太守。桂阳郡：今湖南郴县等地。
⑨ 枲（xǐ）：枲麻，也泛指麻。
⑩ 绩：把麻纤维披开接续起来搓成线。

以教①，民得以免寒苦。安在不教乎？

黄霸为颍川②，使邮亭、乡官，皆畜鸡、豚，以赡鳏③、寡、贫穷者；及务耕桑，节用，殖财，种树。鳏、寡、孤、独有死无以葬者，乡部书言，霸具为区处：某所大木，可以为棺；某亭豚子，可以祭。吏往皆如言。龚遂为渤海④，劝民务农桑，令口种一树榆，百本薤⑤，五十本葱，一畦韭；家二母彘⑥，五鸡。民有带持刀剑者，使卖剑买牛，卖刀买犊，曰："何为带牛佩犊？"春夏不得不趣田亩；秋冬课收敛，益蓄果实、菱、芡。吏民皆富实。召信臣为南阳⑦，好为民兴利，务在富之。躬劝农耕，出入阡陌，止舍离乡亭，稀有安居。时行视郡中水泉，开通沟渎，起水门、提阏，凡数十处，以广溉灌。民得其利，蓄积有余。禁止嫁娶送终奢靡，务出于俭约。郡中莫不耕稼力田。吏民亲爱信臣，号曰"召父"。僮种为不其令⑧，率民养一猪，雌鸡四头，以供祭祀，死买棺木。颜斐为京兆⑨，乃令整阡陌，树桑果；又课以闲月取材，使得转相教匠作车；又课民无牛者，令畜猪，投贵时卖，以买牛。始者，民以为烦；一二年间，家有丁车、大牛，整顿丰足。王丹家累千金⑩，好施与，周人之急。每岁时农收后，察其强力收多者，辄历载酒肴，从而劳之，便于田头树下，饮食劝勉之，因留其余肴而去；其惰孏⑪者，独不见劳，各自耻不能致丹，

---

① 崔寔（shí）：东汉桓帝时任五原太守。五原：汉郡名，今内蒙古河套一带地方。纴（rèn）：纺织。
② 黄霸：西汉大臣。汉宣帝时两次出任颍川太守，先后有8年，提倡农业和栽桑养蚕。颍川：汉郡名，今河南禹县等地。
③ 鳏（guān）：无妻或丧妻。
④ 龚遂：西汉宣帝时年70余，初任渤海太守，政绩卓著。他和黄霸，世称"良吏"，并称"龚黄"。渤海：汉郡名，约有今河北的沿渤海地区。
⑤ 本：量词。株，棵，丛，撮。薤（xiè）：一种蔬菜。
⑥ 彘（zhì）：猪。
⑦ 召信臣：西汉元帝时任南阳太守，很重视农田水利，兴建灌溉陂渠多处，受益田亩"三万顷"。南阳：汉郡名，今河南南阳等地。
⑧ 僮种：东汉时人。不其（jī）：今山东即墨。
⑨ 颜斐（fěi）：三国魏文帝时任京兆太守。汉代的京兆，魏改为京兆郡，郡治在今西安附近。
⑩ 王丹：西汉末东汉初人，做过地方官，后隐居。
⑪ 孏（lǎn）：懒惰。

其后无不力田者，聚落以致殷富。杜畿为河东①，课民畜牸牛、草马，下逮鸡豚，皆有章程，家家丰实。此等岂好为烦扰而轻费损哉？盖以庸人之性，率之则自力，纵之则惰窳②耳。

【导读】

《齐民要术》是世界农学史上的一座高峰，由我国古代劳动人民创造，杰出的农学家贾思勰收集整理。书中记录的许多生产经验和技术比世界其他民族要早三四百年，有的甚至早千余年。

本篇选文出自《齐民要术》序言部分，从中可以清楚地看出思想观念对于社会进步的拉动作用，无论是个人、团体，还是其他，只有思想上高瞻远瞩，行动上立足当下，一步一个脚印地前行，才能够攀登预定目标，收获成功的硕果。

我国是一个农业大国。无农不稳，无农不富，无农不强。发展农业，靠的是科技。古代的《齐民要术》曾经为我们增辉，但是，我们不能躺在古人的成绩上睡大觉。我们应该有新时代的《齐民要术》，而且各行各业都应该有自己的《齐民要术》，它们必将产生于新一代人的手中！只有到了那一天，我们才能在全世界面前自豪地说——

"会当凌绝顶，一览众山小！"

译 文

猗顿，鲁国的一个穷士人，听闻陶朱公很富，便去请教他致富的方法。陶朱公告诉他说："要想很快致富，该养多种母畜。"猗顿听了，就去多养母牛、母羊，后来就繁殖到数以万计的牲口。九真、庐江地方不知道用牛耕田，常使人民生活贫困。经过任延、王景在当地教老百姓铸造铁犁农具，教他们开垦荒地，从此耕地面积一年年扩大，百姓的生活也充裕起来。燉煌地方不知道

---

① 杜畿（jī）：东汉末魏初人，任河东太守16年。河东：郡名，今山西西南隅地。
② 窳（yǔ）：懒惰。

▲ 贾思勰像

用耧车播种；种的时候，要花费很大的人工牛力，而且粮食产量特别低。皇甫隆在那里教给大家制作耧车播种，省去劳力一半多，粮食产量却提高了五成还多。此外，燉煌有个风俗，妇女做裙子，要打很多的褶叠，像羊肠般绉缩着，一条裙子要用去成匹的布。皇甫隆又下令禁止，并加以改正，节省了很多布匹。茨充任桂阳县令，当地习俗上不种桑树，得不到养蚕织丝、绩麻织布的好处，一般人都用乱麻脚塞进夹衣里御寒。老百姓平时懒惰，连草鞋也是少有的，脚都冻得皲裂出血，寒冬腊月都只有烧火烘烤来取暖。茨充就教导百姓多种桑树、柘树，养蚕，打麻鞋，又叫大家种苎麻。几年之后，大获其利，大家都有了衣服鞋子，穿得暖暖的。现在江南人懂得种桑、养蚕、打鞋，都是茨充教导的结果。五原的土地宜于种大麻，当地人不知道绩麻织布；百姓冬天没有衣服穿，就堆些细草睡在草里面，官吏来了，就裹着草出来相见。崔寔到那里做官，帮他们制造了绩麻、纺缕、织布的工具，并教会他们使用，老百姓才免除了受冻的苦楚。由此看来，怎么可以不教会百姓去做呢？

黄霸任颖川太守，规定驿站和乡官等下级官吏，都要饲养鸡和猪，用来资助鳏夫、寡妇和穷苦的人；还要他们努力种田树桑，节约费用，增殖财富，种植树木。鳏夫、寡妇、孤儿、孤老头中有人死了没法安葬的，由乡里送上书面报告，黄霸都一一给予分别处置，指出：某处有大树，可以用来做棺材；某驿站上有生猪,可以用来祭祀。承办人员到那里去,果然都符合黄霸所指出的,就照着办理了。龚遂任渤海太守,劝督百姓努力种田栽桑,规定每人种一棵榆树,一百窠薤,五十窠葱,一畦韭菜;每家养两头母猪,五只鸡。百姓中有拿刀带剑的,就叫他们卖掉剑买牛,卖掉刀买小牛,并且开导说:"为什么把牛带在腰间,把小牛拿在手里?"这样,到了春夏,老板姓不得不赶紧到田里劳动;到了冬天,他就检查评比收获蓄积的多少,使得老百姓更加多多收蓄果实、菱角、芡实之类的食物。因此,地方上的官吏和老百姓都富足起来了。召信臣任南阳太守时,热心为人民兴利办好事,力求使大家富裕起来。为此,他亲自劝督农业生产,往来深入田间,遍历各乡各村,到哪村就在哪村住宿,很少有安定的住处。又经常巡行勘察郡中的水道和泉源,开通灌溉沟渠,兴建了几十处水闸和堤堰,从而开广了灌溉面积。人民得到了农田水利的利益,大家都有余粮积蓄着。他还禁止婚丧喜事的铺张浪费,厉行省俭节约。由此,一郡的人无不尽力耕种。官吏和大众都亲近、爱戴召信臣,敬称他为"召父"。僮种当不其县令,倡导每家养一头猪,四只母鸡,平时供祭祀之用,有人死了用来买棺木。颜斐当京兆太守,命令农家整治田亩,种植桑树和果树;又督促大家必须做到;农闲时采伐木材,让大家以能者为师,转相传授制造车辆的技术,家里没有牛的要养猪,到猪价贵的时候把猪卖掉,买回来牛。开始大家都嫌烦乱;不过一两年的工夫,家家都有了好车和壮牛。这样整顿以后,农民生活都丰足了。王丹家有千金之富,做人乐善好施,救人急难。每年农家收获后,查访知道哪家劳动努力而收获多的,总是载着酒菜一家家去慰劳,就在田头树下请他们喝酒吃菜,奖励他们,离开时还把多余的菜肴留下来;唯独那懒惰的人得不到慰劳,个个都为没能让王丹来慰劳自己而感到羞愧,从这以后,再没有一个不努力种庄稼的了。因此整个村落终于殷实富裕起来。杜畿任河东太守,督促老百姓养母牛、母马,直到养鸡养小猪,都有规定指标,所以家家都丰衣足食。上面说的这些人,难道是喜欢麻烦搅扰百姓而轻率地耗费财物吗?只是因为一般人的常情,有人去引导他们,就会努力去干,让他们放任自流,那就不免偷懒散漫了。

一览众山

"一览众山"出自杜甫《望岳》"会当凌绝顶,一览众山小"。诗句化用孔子的名言"登泰山而小天下",表达登临顶峰的决心、自信自励的意志和坚定豪迈的气概。

我国古代有没有处绝顶之峰、傲视群雄的文化科技成果呢?

有,那就是饮誉世界的"四大发明"以及陶瓷、丝绸等技术。这是我们的先辈对人类文明进程作出的伟大贡献,是中华智慧的结晶,是"实践—认识"的伟大成果。

让我们来听听英国著名哲学家弗兰西斯·培根的声音——

印刷术、火药和指南针"这三种东西已经改变了世界的面貌。第一种在文学上,第二种在战争上,第三种在航海上。由此由引起了无数的变化。这种变化如此之大,以至没有一个帝国、没有一个宗教教派、没有一个赫赫有名的人物,能比这三种发明在人类的事业中产生更大的力量和影响。"[1]

西方先哲的评价,令我们陶醉——陶醉于古人的伟大创造;也令我们警醒——警醒于明代以来的落伍。自工业革命以来,我们尚未拿出一样震惊世界、造福人类的堪称伟大的发明创造,这与我们世界第一人口大国的地位是极不相称的。

"自古华山路一条",我们没有别的选择,只有一条路——攀登!继往开来地攀登,发愤图强地攀登,自强不息地攀登!不管你是专家学者还是普通百姓,不管你是博士生还是高职生,只

---

[1] 弗兰西斯·培根:《新工具》。

明德·践行

要你是有血性、有担当的中国人,就应该与人们一同砥砺前行,与同伴一道努力攀登!

攀登要从小事做起,从日常工作、学习做起,如果人人都把自己的"小事"做好了,那么国家、民族的"大事"也就做好了。再也没有比提高整个民族的国民素质更重要的事情了。

为了做好今天的小事,让我们走进历史,看看先辈们是怎样一点一点地成就他们的惊天事业的……

梦溪笔谈·活板印刷①

　　板印书籍②,唐人尚未盛为之③。自冯瀛王始印五经④,已后典籍,皆为板本⑤。庆历中⑥,有布衣毕昇⑦,又为活板。其法:用胶泥刻字,薄如钱唇⑧,每字为一印,火烧令坚。先设一铁版,其上以松脂、腊和纸灰之类冒之⑨。欲印,则以一铁范置铁板⑩上,乃密布字印⑪。满铁范为一板,持就火炀之⑫;药稍熔,则以一平板按其面,则字平如砥⑬。若止印三二本,未为简易;若印数十百千本,则极为神速。常作二铁板,一板印刷,一板已自布字,此印者才毕,则第二板已具。更互用之,瞬息可就。每一字皆有数印,如"之""也"等字,每字有二十余印,以备一板内有重复者。不用则以纸贴之,每韵为一贴,木格贮之。有奇字素无备者,旋刻之,以草火烧,瞬息可成。不以木为之者,木理有疏密,沾水则高下不平,兼与药相粘,不可取。不若燔土,用讫,再火令药熔,以手拂之,其

---

① 《梦溪笔谈》:北宋科学家、政治家沈括(1031—1095年)撰,是一部涉及古代中国自然科学、工艺技术及社会历史现象的综合性笔记体著作,被英国科学史家李约瑟评价为"中国科学史上的里程碑"。
② 板印:雕版印刷。"板"同"版"。
③ 盛为之:广泛运用它。按唐朝已用雕版刻印历书、农书、佛经,不过还没有普通地刻印各种书籍。
④ 冯瀛王:即冯道(882-964年),五代时历任后唐、后晋、后汉、后周四朝宰相,死后追封为瀛王。五经:指儒家经典《易》《书》《诗》《礼》《春秋》。按冯道刻印五经,始于后唐长兴三年(932年),毕工于后周文顺三年(953年)。
⑤ 板本:指雕版印刷的书,以区别手抄的"写本"。
⑥ 庆历:宋仁宗赵祯的年号(1041—1048年)。
⑦ 布衣:平民。毕昇(?—1051年):我国古代活字印刷术的发明者。《梦溪笔谈》第356篇还记载了一个曾在官中锻过金的老锻工毕昇,则是另外一个同名同姓者。
⑧ 钱唇:铜钱的边缘。
⑨ 冒:覆盖、铺。
⑩ 铁范:铁框。
⑪ 字印:指单个的胶泥字。
⑫ 炀(yáng):烘。
⑬ 砥(dǐ):磨刀石。

印自落，殊不沾污。昇死，其印为予群从①所得，至今宝藏。

【导读】

"实践—认识"之花——北宋活字印刷。

毕昇发明的活字印刷术是中国印刷技术史里程碑式的重大突破，也是世界印刷技术的一项伟大壮举。《梦溪笔谈》的此篇记载是至今所知的唯一一篇记载毕昇活字印刷术的文献，且描述详尽，为后世流传、发展这一技术提供了珍贵资料。国外常以德国人谷腾堡1445年发明的金属活字印刷作为首创，但毕昇的胶泥活字印刷术比它早了四百多年。

活字印刷术的发明，使原来需要数年甚至数十年才能完工的一套书籍模板转变为速印模式，使大量出书成为可能，一举将文化的普及与传承加速了上千倍。活字印刷术通行世界近八百年，直到20世纪80年代才被激光照排技术最终取代。

▲活字印刷

---

① 群从：泛指族中兄弟子侄。

译 文

  雕刻木板印刷书籍，唐朝人还没有广泛使用。从五代时冯道印五经开始，以后的经典书籍，全部采用刻板印刷了。庆历年间，平民毕昇又发明了活字印刷。他的方法是：用胶泥刻字，笔画凸出的部分像铜钱的边缘那样厚薄，每一个字做成一个印，用火把印烧硬。先用一块铁板，在上面涂一层松脂、蜡和纸灰等物制成的药料。要印书时，便将一个铁制的框子放在铁板上，在其中密密地排列字印。排满了一铁框就是一板，然后放在火上烤。等到松脂、蜡等药品逐渐熔化，再用一块平板压在字上面，这样铁板上的字印就像磨刀石一样平整了。如果只印两三本书，这种方法还不算省事；如果要印数十本以至上百、上千本书，那就非常快速了。通常是准备两块铁板，一块板在印刷时，另一块板进行排字；第一块板刚印完，第二块板就已准备好了。两块板这样交替着使用，很快就可以把书印好。每一个字都制有好几个印。像"之""也"等常用字，每个字就有二十几个印，以备同一板里重复的字使用。不用时，就用纸写成标签贴上，每一个韵的字贴一个标签，装在木格子里贮存起来。遇到不常备的特殊字，就立即刻制，用草火一烧，转眼可成。之所以不用木料刻制字印，是因为木料的纹理有疏有密，沾水以后便会有高低不平，而且木料与药材粘在一起，取不下来。不像烧泥做的字印，用完后再用火烤使药熔化，用手一拂，字印自己就会脱落，完全不沾药料。毕昇死后，他的一些活字字印被我的子侄们得到了，到现在还珍贵地保存着。

梦溪笔谈·指南针[①]

  方家以磁石磨针锋则能指南，然常微偏东，不全南也。水浮多荡摇[②]，指爪及碗唇上皆可为之，运转尤速，但坚滑易坠，不若缕悬为最

[①] 《梦溪笔谈》见前文。
[②] 水浮：浮于水上。

善。其法取新纩中独茧缕①，以芥子许蜡缀于针腰②，无风处悬之则针常指南。其中有磨而指北③，予家指南、北者皆有之。磁石之指南犹柏之指西④，莫可原其理。

【导读】

"实践—认识"之神——先秦司南磁针。

指南针是中国四大发明之一，代表着中国古代方位测定技术的成就。从司南、罗盘到磁针，中国人不断完善方位定向技术，对世界地理大发现和航海活动发挥了不可替代的重要作用。沈括这篇文献较早地记录了磁针的使用，并且记录了磁偏角问题。在架设指南针的问题上，沈括比较了4种不同方法，提出了悬针法，这是沈括的独创。

指南针起源于祭祀、礼仪，成熟于军事、航海、大地测量等。它的发明对人类科技发展和文明进步起了无可估量的作用。直到今天，测量定位仍然离不开这个古老的发明。

▲司南

---

① 新纩（kuàng）中独茧缕：新缫出的单根蚕丝。
② 芥子：芥菜籽。
③ 磨而指北：摩擦后针尖指向北方。
④ 柏之指西：古代有柏树生长的倾向西偏的说法。

译 文

方术者用磁石摩擦针尖就能使它指向南方,但经常略微偏东,不完全正南。把针浮在水面上常晃荡,在指甲上碗边上都能放置,运转很灵活,但坚硬光滑容易坠落,不如用丝悬挂最好。其方法是取新缫的单根蚕丝,用芥菜籽大小的蜡粘连在针的腰部,在没有风的地方悬挂起来,针经常会指向南方。其中有摩擦后针尖指向北方的,我家指南、指北的针都有。磁石磨的针指向南方,犹如柏树偏西生长,无法追究其中的道理。

后汉书·蔡伦传(节选)①

蔡伦字敬仲,桂阳人也。以永平末始给事宫掖②,建初中③,为小黄门。及和帝即位,转中常侍,豫参帷幄④。

伦有才学,尽心敦慎⑤,数犯严颜⑥,匡弼得失⑦。每至休沐,辄闭门绝宾,暴体田野。后加位尚方令。永元九年,监作秘剑及诸器械,莫不精工坚密,为后世法。

自古书契多编以竹简,其用缣帛者谓之为纸⑧。缣贵而简重,并不便于人⑨。伦乃造意⑩,用树肤、麻头及敝布、鱼网以为纸。元兴元年奏上之,帝善其能,自是莫不从用焉,故天下咸称"蔡侯纸"。

---

① 见上文《后汉书·张衡传》注释。
② 宫掖:宫,皇宫;掖:宫中旁舍,妃嫔居住之处。
③ 建初:汉章帝刘炟年号,公元76—84年。
④ 豫参:参与。帷幄:本指军中或宫中的帷幕,这里指机密事情的谋划。
⑤ 敦慎:敦厚、谨慎。
⑥ 数:多次。严颜:皇帝严肃的脸色。
⑦ 匡弼:纠正。得失:此为偏义复词,指失误之处。
⑧ 缣(jiān)帛:泛指丝织品。
⑨ 并:都。
⑩ 造意:首倡其意。

明德·践行

【导读】

"实践—认识"之诗——东汉蔡伦造纸。

纸的发明降低了文化传播的成本,加速了思想交流,是中华民族对世界文明发展的伟大贡献。中国早在公元前2世纪就已发明了造纸术。东汉时期,蔡伦采用树皮、麻头、破布、渔网做原料,改进了造纸术,这种纸得到迅速推广,人称"蔡侯纸"。德克·卜德说:"世界受蔡侯的恩惠要比受许多更知名的人的恩惠更大","纸对后来西方文明整个进程的影响无论怎样估计都不会过分"。①

▲蔡伦像

纸是文字的载体。纸之前的是甲骨、竹简和绢帛。纸轻薄、柔软,便于切割,也便于携带与收藏。纸对甲骨、竹简的升级换代,其意义无法估量。即使到了今天的电子时代,人们的生产、生活仍然离不开纸。

译 文

蔡伦,字敬仲,桂阳郡人。于永平末年开始在皇宫内廷任职。章帝建初年间,担任小黄门。和帝即位后,改任中常侍,参加机密事务的决策。

蔡伦有才学,办事尽心,敦厚谨慎。多次犯颜进言,辅佐皇帝匡正过失。每到休假日,他便闭门谢绝宾客,出现在田野中。后来升任尚方令。永元九年,蔡伦监制秘剑和各种器械,无不精美坚固精密,成为后世效法的典范。

自古以来多用竹简编书契,其中采用丝织品为材料的称为纸。丝织物价格昂贵而竹简又太重,都不便于人们使用。蔡伦便开创一种新的想法,用树皮、麻头以及破布、渔网来造纸。元兴元年,他造纸成功奏言皇帝,皇帝嘉许他的才能,从此以后人们便开始使用纸了,所以天下都称这种纸为"蔡侯纸"。

---

① 德克·卜德:《中国物品西传考》,《中国文化》第 2 辑,第 358 页。

天工开物·佳兵·火药料①

火药、火器，今时妄想进身博官者，人人张目而道，著书以献，未必尽由试验。然亦粗载数页，附于卷内。凡火药以硝石②、硫黄为主，草木灰为辅③。硝性至阴，硫性至阳，阴阳两神物相遇于无隙可容之中。其出也，人物膺④之，魂散惊而魄齑粉⑤。凡硝性主直，直击者硝九而硫一。硫性主横，爆击者硝七而硫三。其佐使之灰，则青杨、枯杉、桦根、箬叶、蜀葵、毛竹根、茄秸之类，烧使存性，而其中箬叶为最燥也⑥。

凡火攻有毒火、神火、法火、烂火、喷火⑦。毒火以砒、硇砂⑧为君，金汁、银锈、人粪和制。神火以朱砂、雄黄、雌黄⑨为君。烂火以硼砂⑩、瓷末、牙皂、秦椒⑪配合。飞火以朱砂、石黄、轻粉⑫、草乌、巴豆⑬配合。劫营火则用桐油、松香。此其大略。其狼粪烟⑭昼黑夜红，迎风直

---

① 《天工开物》：中国古代一部综合性的科学技术著作，也是世界上第一部关于农业和手工业生产的综合性著作。作者是明朝科学家宋应星。外国学者称它为"中国17世纪的工艺百科全书"。全书收录了农业、手工业，诸如机械、砖瓦、陶瓷、硫磺、烛、纸、兵器、火药、纺织、染色、制盐、采煤、榨油等生产技术。
② 硝石：硝酸钾的古称。其化学成分为硝酸钾 KNO_3。
③ 草木灰：应理解为木炭。
④ 膺（yīng）：受。
⑤ 齑（jī）粉：粉身碎骨。
⑥ 此处列举的烧木炭材料中，桦木根、箬竹叶、毛竹根都不能烧出木炭，故"根""叶"二字或为衍文。烧木炭的最好材料是柳木，柳炭为中国古代传统原料，此处被漏记。
⑦ 这里提出各种火攻材料名目，而未列出具体配方，或已指出成分名，但或有不当。
⑧ 硇（náo）砂：含氯化铵 NH_4Cl。
⑨ 朱砂：硫化汞 HgS，色赤。雄黄：又称石黄，二硫化二砷。雌黄：三硫化二砷。
⑩ 硼砂：硼酸钠。
⑪ 牙皂：豆科皂荚属皂荚树的果荚。秦椒：花椒。
⑫ 轻粉：氯化亚汞。
⑬ 巴豆：大戟科巴豆树的种子，有毒。
⑭ 狼粪烟：狼烟，中国古代边防哨所遇有敌情，则于烽火台上烧狼粪烟以报警。

上，与江豚①灰能逆风而炽，皆须试见而后详之。

【导读】

"实践—认识"之果——大唐发明火药。

中国是火药的故乡。火药源于春秋，兴于唐宋，据说是由唐代"药王"孙思邈在总结以前炼丹师经验的基础上，收集河洛和关中地区炼丹配方，经过提炼加工而成。

火药发明后，最先被用在军事上，因此，中国也是世界上最早使用和生产火药器用的国度。美国学者德克·卜德曾说："如果没有火药，世界也许会少受点痛苦，但另一方面，中世纪欧洲那些穿戴盔甲的骑士们可能仍然在他们有护城河围绕的城堡里称王称霸，不可一世，而我们的社会可能仍然处在封建制度的奴役之下。"

火药在今天不仅用于枪弹，而且是火箭、导弹的推进剂及其他驱动装置的能源。人类开山劈岭、入地上天都离不开火药。战争贩子利用它，可以发动战争；和平力量利用它，则可以制止和消弭战争，保卫世界和平。科技发明是把双刃剑，这一点在火药的身上反映得特别明显。如何利用好火药，真正把它装进"笼子里"，仍然是人类当前和今后面临的重要课题。

译 文

火药、火器，当今妄想升迁当官的人，个个都大肆议论，著书献给朝廷，但他们所说的未必都经过试验。但是这里也总要略载数页，附于本卷。火药以硝石、硫黄为主，木炭为辅。硝石性属至阴，而硫性至阳，这两种属于至阴、至阳的物质相遇于密闭空间中，爆炸起来，人或动物承受到时都会魂飞魄散而粉身碎骨。硝石性主直爆（纵向爆炸），直射的火药中硝占十分之九而硫占十分之一。硫性主横爆（横向爆炸），所以爆炸性火药中硝石占十分之七而

---

① 江豚：鱼纲的河豚。

▲浙江宁波天工门

硫占十分之三。作为辅助剂的木炭,是用青杨、枯杉、桦根、箬竹叶、蜀葵、毛竹根、茄秆之类烧成炭,其中箬叶作成的最为猛烈。

  火攻用的火药有毒火、神火、法火、烂火、喷火等。毒火药以砒霜、砌砂为主,再与金汁、银锈、人粪配制。神火药以朱砂、雄黄、雌黄为主。烂火则以硼砂、瓷屑、牙皂、秦椒配合。飞火以朱砂、石黄、轻粉、草乌、巴豆配合。劫营火是用桐油、松香。这是大略情况。至于说狼粪烟白天黑、晚上红,能迎风直上。还有江豚灰能逆风而燃。这些特性都需要试验、亲见而后才能明了。

明德·践行

求真务实

中华民族是一个注重实际、实用、实干的民族。"求真务实"是我们民族文化的底色和指纹。"求真",就是实事求是,老老实实,一就是一,二就是二,不夸大,不缩小;"务实",就是在求真的基础上认真去做、去行动,不弄虚,不作假。一个有效的行动,胜过一打"纲领"。

中国古代天文学、数学、农学、医学等学科之所以高度发达,不仅因为这些学科与生产实践紧密相连,能够直接、快速产生效益,而且因为从事这些方面研究和生产的人们注重实际,服务生产,不尚空谈。他们在实践中努力做到理实结合,知行统一,这对我们今天仍然很有启发和教益。

实践出真知,工作长才干。我们今天所从事的教育,就是结合生产、服务生产的教育,也就是求真务实的教育。我们必须紧紧抓住实践环节不放松,不丢手,在干中学,在用中学,学成"大国工匠",学成"行家里手",学成李时珍、黄道婆、河间王……

这,就是职业教育行稳致远的目标,也是职业教育的魅力所在。

汉书·河间献王刘德传①

河间献王德②以孝景前二年立,修学好古,实事求是。从民得善书③,必为好写与之④,留其真,加金帛赐以招之。繇⑤是四方道术⑥之人不远千里,或有先祖旧书,多奉以奏献王者,故得书多,与汉朝等。是时,淮南王安亦好书,所招致率多浮辩。献王所得书皆古文先秦旧书,《周官》《尚书》《礼》《礼记》《孟子》《老子》之属,皆经传说记,七十子之徒所论⑦。其学举六艺,立《毛氏诗》《左氏春秋》博士。修礼乐,被服儒术,造次必于儒者。山东诸儒多从而游。

武帝时,献王来朝,献雅乐,对三雍宫及诏策所问三十余事。其对推道术而言,得事之中,文约指明⑧。

【导读】

"实事求是"是当今使用频率最高的成语,也是表述执政党思想路线的成语,其典故就出自本篇"河间献王德……修学好古,实事求是"之句。

河间王刘德是个什么人物?为什么说他"实事求是"?本文作了很好的回答。

刘德是汉景帝刘启之第三子,雅好儒学,终身没有卷入政治漩涡,而将

---

① 《汉书》:又称《前汉书》,是我国第一部纪传体断代史,"二十四史"之一。由东汉史学家班固编撰,主要记述了上起西汉的汉高祖元年(公元前206年),下至新朝王莽地皇四年(公元23年)共230年的史事。
② 德:孝景帝之子,献王刘德。
③ 善:好。
④ 必为好写与之:一定要很好地抄录副本给书主。
⑤ 繇(yóu):由此,从而。
⑥ 道术:道德学术。
⑦ 七十子之徒:孔子七十弟子。
⑧ 得事之中,文约指明:合乎事理,文辞简约明晰。

毕生精力投入对文化古籍的收集与整理之中。他的足迹遍布洛阳、山东等地，凡闻民间有善书者，必以重金购之。刘德还参与了古籍整理，对残缺不全、字异文非之经典，必组织群儒研判勘定，精心校理。刘德整理出大量正本古籍，对经过秦始皇焚书坑儒之后，书典十分匮乏的汉朝来说，无异于是及时雨，是雪中炭。

　　刘德治学的"务实"精神受到士子们的追捧，在当时就得到很高的评价，班固在《汉书》中专门为之立传，表彰他在传承文化方面的功绩。在古籍的收集和整理方面，刘德既是一个求是者，又是一个力行者。

▲邓小平题词《实事求是》

译　文

　　河间献王刘德在景帝前元二年封王，研习学业喜好古事，从实际出发，求得正确的结论。从民间得到好书，一定要很好地抄录副本给书主，而留下书的正本，又加赐金帛以广泛招求好书。这样四方有道德学术的人不远千里而来，有的有祖先旧藏的书，大多也进献给献王，所以得到的书很多，与汉王朝相等。这时，淮南王刘安也爱好书，他所招来的书多半是没实用的。献王所得的书都是秦以前的古文旧书，如《周官》《尚书》《礼》《礼记》《孟子》《老子》等书，都是经传说记，孔子的七十弟子所著论的书。献王学习举用六经，设立了《毛氏诗》《左氏春秋》博士。修习礼乐，亲自感受儒家的学术，所向所学必定以儒术为准。山东诸儒多随从而游。

武帝时期，献王来朝见，奉献雅乐，答对三雍宫以及诏令策问三十多件事。他所谈的道德学术，正合事理之中，文辞简约明晰。

辍耕录·黄道婆①

闽广多种木绵，纺绩为布，名曰吉贝。松江府东去五十里许，曰乌泥泾，其地土田硗②瘠，民食不给，因谋树艺，以资生业，遂觅种于彼。初无踏车椎弓之制，率用手剖去子，线弦竹弧置案间，振掉成剂，厥功甚艰。国初时，有一妪名黄道婆者，自崖州来，乃教以做造捍弹纺织之具，至于错纱配色，综线挈花，各有其法。以故织成被褥带帨③，其上折枝团凤，棋局字样，粲然若写。人既受教，竞相作为，转货他郡，家既就殷。未几，妪卒，莫不感恩洒泣而共葬之，又为立祠，岁时享之。

【导读】

20世纪80年代，在我国发行的《中国古代科学家》纪念邮票中，黄道婆是唯一入选的女科学家。处于重文轻理和男性主导的古代社会，黄道婆是如何冲破藩篱，脱颖而出的呢？她为生产和科技作了哪些贡献呢？阅读本文，我们可以找到答案。

原来黄道婆出身贫苦，从小就被卖给人家当童养媳。由于不甘心受虐待，便只身逃到海南谋生。黎族同胞接纳了她，并教她纺织技术。由于黄道婆聪明勤奋，她逐渐成为当地出色的纺织能手。

元朝初年，黄道婆回到自己的家乡松江乌泥泾。为了改变家乡纺织业落后的状况，她不仅将自己的纺织技术毫无保留地传授给故乡人民，更是对纺织

---

① 中国有关元朝史事的笔记，亦名《南村辍耕录》。元末明初人陶宗仪著。
② 硗（qiāo）：土质硬，不肥沃。
③ 帨（shuì）：古代妇女的佩巾。

工具和技术进行了全面革新,大大提高了生产效率,使淞江一带迅速成为全国的棉纺织中心,历经数百年而不衰。

黄道婆以一己之力,排除万难,造福一方百姓,福泽深远。她是我国古代发明家的杰出代表,被后世尊为纺织业的"始祖"。

译 文

福建、广州一带大多种植木棉,用来纺织布匹,称作吉贝。从松江府向东大概五十里左右的地方,叫做乌泥泾。这里土地贫瘠,种植粮食不能满足所需,因此另谋出路,种植经济作物。刚开始没有脚踏、棒椎击弦的方法,全都用手指一个个地剥籽,收效甚微,而且费时费力。元朝初年,从崖州来了一位叫做黄道婆的老妇人,教他们做轧棉去籽、纺织工具,创新错纱配色、综线挈花的技术,各有方法。织成的被、褥、带、帨(手巾)等,上面有折枝、团凤、棋局、字样等花纹,鲜艳如画,人们学会了,争先恐后地劳作,卖给其他地区,家庭逐渐殷实起来。没过多长时间,黄道婆去世了,当地人满怀感激和悲痛的心情,纷纷捐资为她安葬、立祠,诞辰时都有人接踵赶来致祭。

明史·李时珍传(节选)①

李时珍,字东璧,蕲州人。好读医书,医家《本草》,自神农所传止三百六十五种,梁陶弘景所增亦如之,唐苏恭增一百一十四种,宋刘翰又增一百二十种,至掌禹锡、唐慎微辈,先后增补合一千五百五十八种,时称大备。然品类既烦,名称多杂,或一物而析为二三,或二物而混为一品,时珍病之。乃穷搜博采,芟烦补阙②,历三十年,阅书八百余家,稿

---

① 《明史》:是二十四史中的最后一部,纪传体断代史,记载了自明太祖朱元璋洪武元年(公元1368年)至明思宗朱由检崇祯十七年(公元1644年)二百多年的历史。

② 芟(shān):删除

三易而成书，曰《本草纲目》。增药三百七十四种，厘为一十六部，合成五十二卷。首标正名为纲，余各附释为目，次以集解详其出产、形色，又次以气味、主治附方。书成，将上之朝，时珍遽卒。未几，神宗诏修国史，购四方书籍。其子建元以父遗表及是书来献，天子嘉之，命刊行天下，自是士大夫家有其书。时珍官楚王府奉祠正，子建中，四川蓬溪知县。

【导读】

《本草纲目》是中国药物学巨典，它成书的过程彰显了中国人务实求真、不断追求真理的精神和意志。为验证、更正古《本草》中的记录，李时珍历时27年，查阅800多部书籍，遍访名山大川，进行核对、查验。成书后又三番五次地进行修改，最终定稿时，已历时近40载。一部《本草纲目》，其中的甘苦和辛酸，难以向人道出。

"读万卷书，行万里路"是做学问的必由之路，李时珍无疑已经做到。更为感人的是，当书中问题百出时，"万里路"的实践无疑比"万卷书"求证更重要，况李时珍的行路又何止千里万里？正所谓"没有调查，就没有发言权"。李时珍用毕生的精力、汗水践行这条颠扑不破的真理。阅读本文，我们对李时珍不由得肃然起敬！

译 文

李时珍，字东璧，蕲州人。好读医书。医书《本草》所载药物，自神农氏所传的只有三百六十五种，梁代陶弘景增加三百六十五种，唐代苏恭增加一百一十四种，宋代刘翰又增一百二十种，到掌禹锡、唐慎微等人，先后增补，总数达一千五百五十八种，当时被认为是非常完备的。但品类繁多，名称杂乱，有时一种药物被分为两三种，有时二种药物又混为一种，李时珍很不满意。便广收博采，删繁补缺，历经三十年，查阅八百余家医书，经三次修改最后定稿，名为《本草纲目》。该书新增药物三百七十四种，分为一十六部，

▲李时珍像

▲《本草纲目》书影

合成五十二卷。每种药物首先标出正名为纲,其他名称附在后面为目,其次援引各种记载详细说明药物产地、外形色泽,再次以药物气味为序、主治病症及验方。书写成之后,将要进献朝廷,李时珍突然去世。不久,神宗下诏编修国史,收集各地书籍。李时珍之子建元进献父亲遗留的奏章及此书,皇帝表示赞赏,命令刊印在全国发行,从此以后,士大夫家中都有这部巨著。李时珍曾任楚王府奉祠正,儿子建中,曾任四川蓬溪知县。

九章算术·方田[①]

(一)今有田广十五步,从十六步[②]。问为田几何?

答曰:一亩。

(二)今有田广十二步,从十四步。问为田几何?

[①]《九章算术》:中国古代第一部数学专著,成于公元1世纪左右。该书内容十分丰富,全书总结了战国、秦、汉时期的数学成就。同时,《九章算术》在数学上还有其独到的成就,不仅最早提到分数问题,也首先记录了盈不足等问题,《方程》章还在世界数学史上首次阐述了负数及其加减运算法则。它是一本综合性的历史著作,是当时世界上最简练有效的应用数学,它的出现标志中国古代数学形成了完整的体系。

[②]广:宽。从:长。

答曰：一百六十八步。

方田术[1]曰：广从相乘得积步[2]。以亩法[3]二百四十步除之，即亩数。百亩为一顷。

（一七）今有七人，分八钱三分钱之一。问人得几何？

答曰：人得一钱二十一分钱之四。

（一八）又有三人三分人之一，分六钱三分钱之一，四分钱之三。问人得几何？

答曰：人得二钱八分钱之一。

经分术[4]曰：以人数为法，钱数为实，实如法而一。有分者通之。重有分者同而通之[5]。

（一九）今有田广七分步之四，从五分步之三。问为田几何？

答曰：三十五分步之十二。

（二〇）又有田广九分步之七，从十一分步之九，问为田几何？

答曰：十一分步之七。

（二一）又有田广五分步之四，从九分步之五。问为田几何？

答曰：九分步之四。

乘分数[6]曰：母相乘为法，子相乘为实，实如法而一。

【导读】

数学素有"科学之王"的美誉，是一切科学技术发展的基础。中华民族在古代数学（古代又称"算术""算经"）领域向世界贡献了一流的成果，其

---

[1] 方田：指方形（含长方形、正方形）田地的计算问题。术：计算法则。
[2] 积步：边长以步为单位的面积的平方步，即长（步）×宽（步）。
[3] 亩法：即由平方步化为亩时所用的除数240。同理，"顷法"即是由亩化为顷时用得除数100。
[4] 经分术：分数相除的运算法则。
[5] 重有分者同而通之：若分母、分子都有带分数的，均需化为假分数运算。
[6] 乘分数：分数相乘的运算法则。

最早的代表就是《九章算术》。

《九章算术》是中国算经之首,奠定了中国数学的基本框架。其二百四十六个问题,大多数来源于人们生产、实践的需要,解决人们日常劳动、生活所需。

《九章算术》作者已不可考,但它开创的数学理论与生产实际紧密相连的传统却传承下来,这说明我国古代人民不仅重视数学知识,而且重视数学知识的应用。

《九章算术》是当时世界上最简练有效的应用数学。

译　文

（1）已知某块田地宽15步,长16步,问这块田地的面积是多少?

答:这块田地面积为1亩。

（2）已知某块田地宽12步,长14步,问这块田地的面积是多少?

答:这块田地面积是168(平方)步。

方形(含长方形、正方形)田地的算法是:长宽相乘得其面积——平方步数。以亩法240平方步数除所得面积——平方步数,即为亩数。100亩为1顷。

（17）现有7人,分$8\frac{1}{3}$钱。问每人平均得钱多少?

答:每人得$1\frac{4}{21}$钱。

（18）又有$3\frac{1}{3}$人,分$6\frac{1}{3}$钱和$\frac{3}{4}$钱。问每人平均得钱多少?

答:每人得$2\frac{1}{8}$钱。

分数相除的运算法则是:以人数作除数,以钱数作被除数,除数除被除数得结果。若除数、被除数中有带分数,应化为假分数。

（19）今有田宽$\frac{4}{7}$步,长$\frac{3}{5}$步,问这块面积是多少?

答:$\frac{12}{35}$平方步。

（20）又有田宽 $\frac{7}{9}$ 步，长 $\frac{9}{11}$ 步，问这块田的面积是多少？

答：$\frac{7}{11}$ 平方步。

（21）又有田宽 $\frac{4}{5}$ 步，长 $\frac{5}{9}$ 步，问这块田的面积是多少？

答：$\frac{4}{9}$ 平方步。

分数相乘的运算法则：分母相乘作除数，分子相乘做被除数，除数除以被除数得所求结果。

后记

在中华民族数千年的历史上,经典荟萃,文化灿烂。这是老祖宗给我们留下的一份宝贵遗产。今天在实现中华民族的伟大复兴、迈向现代化强国的伟大征途中,如何发掘、弘扬这份宝贵遗产,让它在学校教育中发挥启迪思想、树立信念、培育品格、锤炼意志的作用,是摆在我们面前的一项重要工作。

学院董事会根据这一时代要求,结合我校培育锥型人才的实际需要,提出编写一本适合高职高专学生阅读和学习的中华传统文化经典读本,并把这一任务交给锥型人才研究院。

接到这一任务,我们随即组织了以青年教师李立如、李晓琛、罗海琼为主的编写组,并聘请安徽大学教授岳方遂负责审稿和修订,学院党委副书记夏宝芹担任总体策划和协调工作。

我们遇到的第一个问题是如何从浩如烟海的资料中提炼编写主题。经过讨论,我们思路逐渐聚焦在了"大学之道,在明明德,在亲民,在止于至善"(《礼记·大学》)。我们认为,从古至今教育的核心追求都是弘扬光明正大的品德,使人弃旧图新,达到完善的境界。今天的高校更应该把立德树人放在首要地位,帮助青年人"扣好人生第一粒扣子"。"明德"是我们选定的第一个主题,同时也与我校校训"励志明德"相吻合。

我们聚焦的第二个主题是"践行"。它来自《礼记·中庸》"博学之、审问之、慎思之、明辨之、笃行之"中的"笃行"和儒学大师朱熹的"为学之实,故在践履"(《答曹元可》)中的"践履"。"笃行",即忠实地实行，是为学的最后阶段，也是为学的最终目标；"践履"，即身体力行，在实践中不断地推究和检验真理，达到知行合一。"践行"将二者巧妙结合，富有新时代气息，囊括务实求真之要义，是对职业教育内涵最好的诠释。同时，"践行"也与我校校训"攻术践行"相吻合。

主题有了，接下来的工作就是选文和构建支撑主题的四梁八柱，以形成本书的基本框架。选文没有太大的困难，我们依据两步走的策略，第一阶段用的是"韩信点兵，多多益善"方法，把符合主题要求和高职生阅读水准的古文作品（或片段）尽可能地搜集拢来，放入材料库。第二阶段用的是"孙子用兵，以一当十"的方法，对入库的文选进行再挑选，选择最恰当、最通行同时又有适度陌生感的文章。此项工作主要由三位青年教师负责，她们放弃了暑假的休息时间，在图书馆里爬罗剔抉，认真工作，为成书奠定了基础。同时，大量阅读让她们的业务水平也有很大提高。

构建支撑主题的"四梁八柱"，我们颇费了一番心思。根据手中的选文，经过反复比对切磋，最终形成以下框架：全书分为明德、践行上下两篇。上篇包括：社会之德、个人之德、家庭之德和价值之德，即"德之四梁"。与之对应的"德之八柱"：社会之德——尚中贵和、精忠爱国；个人之德——修己慎独、谦和好礼；家庭之德——仁爱孝悌、笃实宽厚；价值之德——志存高远、见利思义。"德之八柱"涵盖了道德建设的方方面面（各部分之间互有交叉），是当代大学生"励志明德"之纲要、之准绳。

下篇"践行篇"包括：行之理、行之始、行之勇和行之果，这是"行之四梁"。与之对应的"行之八柱"是：行之理——知行合一、求真务实；行之始——始于足下、结草衔环；行之勇——行百半九、勇毅力行；行之果——登高远观、一览众山。"行之八柱"涵盖了"践行"的方方面面（各部分之间也互有交叉），是当代大学生"攻术践行"之纲要、之准绳。

编书中，我们感到最为困难的是编写"导读"部分。导读是对经典的解读，要求释义要"准"；导读是对学生的引导，要求方向要"正"；导

读是沟通古今的桥梁，要求交通要"达"；导读是语言的重构，要求文辞要"雅"。"准、正、达、雅，体现特色"是我们写作导读的基本要求。由于我们的学养不足，写作起来困难重重，尤其是青年教师，往往费心尽力写出的东西不能用，需要推倒重来，甚至返工多次，但是大家毫无怨言。最后经过指导教师的反复修改、打磨，最终形成了目前的这般模样。是否合乎主旨，是否引导得当，是否经得起时间考验，欢迎大家批评、指正，不吝赐教。

编一本书，锻炼了一支队伍，这是我们编写此书的又一收获。

我们实际达到的和希望达到的目标之间尚有很大的距离，我们将继续努力，不断前行，为弘扬伟大的中华文化竭尽绵薄。

编　者

2019.1.6